新 보보고

步步高

중국어 초중급

시사중국어사

| 초판발행 | 2020년 2월 10일 |
| 1판 2쇄 | 2021년 11월 20일 |

저자	程相文, 김준헌
책임 편집	최미진, 가석빈, 高霞, 엄수연
펴낸이	엄태상
디자인	권진희, 김지연
조판	이서영
콘텐츠 제작	김선웅, 김현이, 유일환
마케팅	이승욱, 전한나, 왕성석, 노원준, 조인선, 조성민
경영기획	마정인, 조성근, 최성훈, 정다운, 김다미, 오희연
물류	정종진, 윤덕현, 양희은, 신승진

펴낸곳	시사중국어사(시사북스)
주소	서울시 종로구 자하문로 300 시사빌딩
주문 및 교재 문의	1588-1582
팩스	0502-989-9592
홈페이지	http://www.sisabooks.com
이메일	book_chinese@sisadream.com
등록일자	1988년 2월 13일
등록번호	제1 - 657호

ISBN 979-11-5720-163-1 (14720)
     979-11-5720-142-6 (set)

머리말

최근 중국어 학습자의 급속한 증가와 더불어 각종 유형의 중국어 교재 역시 봇물을 이루고 있습니다. 그렇지만, 어떤 외국어라도 제대로 배우고자 한다면 반드시 말하기, 듣기, 읽기, 쓰기 이 네 가지 능력을 갖추어야 한다는 사실 또한 부정할 수 없습니다.

이 책은 중국어의 말하기, 듣기, 읽기, 쓰기의 네 영역을 골고루 향상시키는 것을 목표로, 중국어 학습자들이 범하기 쉬운 오류 교정에 초점을 맞추어 만든 교재입니다. 무엇보다, 한국인 교수님과 중국 현지에서 오랫동안 외국 학생들에게 중국어를 지도했던 교수진이, 그동안의 강의 경험을 통하여 얻은 노하우로 한국 학생들이 무엇을 어려워하는지 또한 그 해결책이 무엇인지를 명쾌하게 제시하고 있습니다.

본 교재의 특징은 다음과 같습니다.

1 한국에서 중국어를 학습하는 학습자들을 주요 대상으로 삼고 있으며, 발음과 어법 부분은 우리나라 학생들이 틀리기 쉬운 내용에 중점을 두었습니다.

2 본문은 실제 생활과 밀접한 실용적인 내용들로 구성하였기에, 학습자들이 학습한 내용을 실생활에 즉시 응용할 수 있습니다.

3 이전 과에서 학습한 문형을 반복적으로 등장시켜서 학습자들이 자연스럽게 복습할 수 있습니다.

4 단순 반복형 문제가 아닌 난이도에 따른 맞춤형 문제로 구성된 워크북은 말하기, 듣기, 읽기, 쓰기의 네 영역을 동시에 향상시킬 수 있습니다.

중국어를 처음 접한 후 혼란으로 가득 찬 여러분들이 본 교재를 통해 더욱 쉽고 효율적으로 중국어를 학습하여, 중국인과의 교류에 적극적으로 활용하길 바랍니다. 아울러, 당장 가시적인 성과가 나타나지 않더라도 이 책으로 학습한 여러분이 중국어와 친숙해지고 자신감을 회복하는 계기가 된다면, 그것만으로도 절반의 성공이라 생각합니다.

이 책의 구성

학습내용 및 단어

학습내용을 미리 살펴보며 핵심 내용을 한눈에 도장 쾅!

단계별 난이도를 고려한 각 과의 필수 어휘를 통해 감각을 익힙니다. 본문 페이지와 단어 페이지가 따로 분리되어 있어 단어 암기에 더욱 효율적입니다.

본문

중국에서 유학하고 있는 주인공들이 펼치는 유쾌한 생활 스토리를 통해 중국어 회화 실력도 높이고 문법 기초도 탄탄하게 쌓아보세요!

문법 해설

본문 회화에서 핵심이 되는 문법 내용을 알차게 모았습니다. 맥락을 짚은 해설과 적절한 예문을 통해 본문 내용을 200% 이해할 수 있습니다.

문형 연습

문형의 핵심 틀만 파악하면 다양한 상황에서 활용할 수 있습니다. 주어진 어휘로 새로운 문장을 만들어보며 중국어 핵심 문형을 내 것으로!

중국 문화이야기 & PLUS 단어

우리나라와 닮은 듯 다른 중국!
흥미로운 문화 현상을 통해 중국을 간접 경험하고 사진과 함께 새로운 주제별 단어를 익혀 보세요!

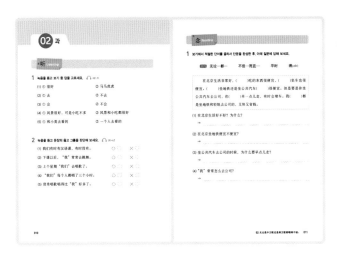

워크북

본 교재의 알짜배기 학습 코너! 다양한 유형의 문제를 난이도에 맞춰서 정리했습니다. 외국어는 직접 말하고, 듣고, 읽고, 써 봐야 실력이 늘죠! 본 책에서 배운 내용을 복습하며 진짜 자신의 것으로 만드세요!

01 北京比杭州冷多了。

베이징은 항저우보다 훨씬 추워요. ⋯⋯⋯⋯⋯⋯⋯⋯⋯⋯⋯ 11

학습내용
- 의문사 '怎么样'
- 점층복문 '不但A, 而且B'
- 양사의 중첩
- 차등비교문 '比'
- 부사 '挺'의 용법

02 无论是中文歌还是韩文歌都唱得不错。

중국어 노래든 한국어 노래든 다 잘 불러요. ⋯⋯⋯⋯⋯⋯⋯⋯ 19

학습내용
- 부사 '恐怕'
- 의문사 '怎么'의 비의문 용법
- 결과보어 '好'
- 정태보어와 비교문
- 형용사의 중첩(1)
- 무조건 조건복문 '无论A, 还是B'
- 조동사 '得 děi'의 용법
- '什么'의 특수 용법(1)
- PLUS 단어 '악기'

03 这个时候打车没有坐地铁快。

이맘때는 택시 타는 게 지하철보다 빠르지 않아요. ⋯⋯⋯⋯⋯ 29

학습내용
- 의문사 '怎么'의 용법
- 명사의 장소사화
- 대동사 용법의 '打'
- 동등비교문 '有'
- 동사 '懂'과 '完'의 결과보어 용법
- PLUS 단어 '교통수단'

등장인물

林小英 린샤오잉

한국에서 중국으로 유학 온 현수와 다정
이에게 현지 사정을 알기 쉽게 소개해주는
중국인 친구!

李贤秀 이현수

중국으로 유학 온 직딩!
절친인 다정이에게 매일 놀림을 받으면서도
즐겁게 생활하는 쾌활남!

金多情 김다정

현수와 마찬가지로 중국에서 유학 중인
다정! 조금 덤벙거리긴 해도 시원시원하고
유쾌한 성격의 매력녀!

01 北京比杭州冷多了。

베이징은 항저우보다 훨씬 추워요.

학습내용

- 의문사 '怎么样'
- 점층복문 '不但A, 而且B'
- 양사의 중첩
- 차등비교문 '比'
- 부사 '挺'의 용법

단어 🎧 01-01

比 bǐ 전 ~보다	冷 lěng 형 춥다, 차다
怎么样 zěnmeyàng 대 어떠하다	不但 búdàn 접 ~뿐만 아니라
美丽 měilì 형 아름답다	风景 fēngjǐng 명 경치, 풍경
而且 érqiě 접 게다가, 또한	美味 měiwèi 형 맛있다
小吃 xiǎochī 명 간단한 음식, 스낵	姑娘 gūniang 명 아가씨
大饱眼福 dàbǎo yǎnfú (눈 호강할 정도로) 실컷 구경하다	
大饱口福 dàbǎo kǒufú (입 호강할 정도로) 실컷 먹다	
暖和 nuǎnhuo 형 따뜻하다	风衣 fēngyī 명 바람막이, 윈드 브레이커
好像 hǎoxiàng 부 마치 ~와 같다	挺 tǐng 부 매우, 정말
高 gāo 형 높다, (키가) 크다	身高 shēngāo 명 키, 신장
米 mǐ 양 미터(m)	头 tóu 명 머리
长 zhǎng 동 생기다, 자라다	帅 shuài 형 멋있다, 잘생기다
认识 rènshi 동 알다	特产 tèchǎn 명 특산물, 특산품
不但A，而且B búdàn A, érqiě B A할 뿐만 아니라 B하다	
珍贵 zhēnguì 형 진귀하다	

🎧 01-02

林小英 你们这趟玩儿得怎么样❶？
Nǐmen zhè tàng wánr de zěnmeyàng?

李贤秀 非常好。不但看到了美丽的风景，
Fēicháng hǎo. Búdàn kàndào le měilì de fēngjǐng,

而且❷还吃到了美味的小吃。
érqiě hái chīdào le měiwèi de xiǎochī.

金多情 苏杭的姑娘个个都❸很漂亮。
SūHáng de gūniang gègè dōu hěn piàoliang.

林小英 你们大饱眼福了吧？
Nǐmen dàbǎo yǎnfú le ba?

李贤秀 也大饱口福了。
Yě dàbǎo kǒufú le.

林小英 杭州冷不冷？
Hángzhōu lěng bu lěng?

金多情 不冷，比❹北京暖和。
Bù lěng, bǐ Běijīng nuǎnhuo.

李贤秀 北京比杭州冷多了。
Běijīng bǐ Hángzhōu lěng duō le.

🎧 01-03

林小英	这个穿风衣的是谁?
	Zhè ge chuān fēngyī de shì shéi?

李贤秀	他是我的朋友崔民辉。
	Tā shì wǒ de péngyou Cuī Mínhuī.

林小英	他好像挺高的⁵。
	Tā hǎoxiàng tǐng gāo de.

李贤秀	他身高一米八五,比⁴我高半头。
	Tā shēngāo yì mǐ bā wǔ, bǐ wǒ gāo bàn tóu.

林小英	长得挺帅的⁵。
	Zhǎng de tǐng shuài de.

李贤秀	要不要我介绍你们认识?
	Yào bu yào wǒ jièshào nǐmen rènshi?

林小英	好哇。
	Hǎo wa.

金多情	小英,这是给你的杭州特产。
	Xiǎoyīng, zhè shì gěi nǐ de Hángzhōu tèchǎn.

林小英	谢谢。
	Xièxie.

🎧 01-04

上个星期马林去了趟上海。上海不但很大，
Shàng ge xīngqī Mǎ Lín qù le tàng Shànghǎi. Shànghǎi búdàn hěn dà,

而且² 也很漂亮。小吃非常多，也很便宜，马林大饱了
érqiě yě hěn piàoliang.　Xiǎochī fēicháng duō, yě hěn piányi,　Mǎ Lín dàbǎo le

口福。上海的衣服也比⁴北京的便宜得多，马林给妈妈
kǒufú.　Shànghǎi de yīfu yě bǐ Běijīng de piányi de duō,　Mǎ Lín gěi māma

买了好几件。
mǎi le hǎo jǐ jiàn.

문법 해설

1 의문사 '怎么样'

'怎么样'이 서술어, 목적어 혹은 동사의 보어로 쓰일 경우, 제안하는 내용이나 특정한 상황 등이 어떠한지를 상대방에게 묻는다.

- 你身体怎么样?   당신 건강은 어때요?
  Nǐ shēntǐ zěnmeyàng?

- 我们吃汉堡怎么样?   우리 햄버거 먹는 건 어때요?
  Wǒmen chī hànbǎo zěnmeyàng?

2 점층복문 '不但A, 而且B'

'점층복문'을 구성하는 '不但'과 '而且'의 경우, '不但'의 뒤에 오는 내용보다 한 단계 더 발전된 혹은 악화된 내용을 '而且'의 다음에 놓아서 전반적인 상황이나 상태가 점점 더 좋아지거나 나빠짐을 나타낸다.

◎ 앞뒤의 주어가 같을 때: 주어는 '不但' 앞에 위치

- 她不但聪明，而且漂亮。   그녀는 똑똑할 뿐만 아니라 아름답기까지 해요.
  Tā búdàn cōngming, érqiě piàoliang.

- 我不但喜欢吃韩国菜，而且喜欢吃中国菜。
  Wǒ búdàn xǐhuan chī Hánguó cài, érqiě xǐhuan chī Zhōngguó cài.
  저는 한국요리를 즐겨 먹을 뿐만 아니라 중국요리 또한 즐겨 먹어요.

◎ 앞뒤의 주어가 다를 때: 주어는 각각 '不但'과 '而且'의 뒤에 위치

- 不但她很漂亮，而且她姐姐也很漂亮。
  Búdàn tā hěn piàoliang, érqiě tā jiějie yě hěn piàoliang.
  그녀가 아름다운 건 물론이고 그녀의 언니 또한 아름다워요.

문법 해설

3 양사의 중첩

양사를 중첩하면 다른 어떤 예외도 없음을 나타내게 된다. 이 때, 부사 '都 dōu'를 함께 사용하여 의미를 더욱 강조할 수도 있다.

- 那五本书，本本都很珍贵。 저 다섯 권의 책은 한 권 한 권이 다 귀중해요.
  Nà wǔ běn shū, běnběn dōu hěn zhēnguì.

- 这里的菜，道道都很好吃。 이곳의 요리는 하나하나가 전부 다 맛있어요.
  Zhèli de cài, dàodào dōu hěn hǎochī.

4 차등비교문 '比'

두 가지 비교 대상 사이에 '比'를 넣어서 둘 사이의 차이를 비교하는 차등비교문을 만들 수 있다. 비교 대상 사이의 정도 차이는 서술어(형용사/동사)의 뒤에 표시한다.

◉ 비교대상A＋比＋비교대상B＋형용사/동사＋차이

- 我比我弟弟大。 저는 남동생보다 나이가 많아요.
  Wǒ bǐ wǒ dìdi dà.

- 我比我弟弟大三岁。 저는 남동생보다 나이가 세 살 많아요.
  Wǒ bǐ wǒ dìdi dà sān suì.

- 今天比昨天冷。 오늘은 어제보다 추워요.
  Jīntiān bǐ zuótiān lěng.

- 今天比昨天冷一点儿。 오늘은 어제보다 조금 추워요.
  Jīntiān bǐ zuótiān lěng yìdiǎnr.

5 부사 '挺'의 용법

'挺'은 구어체 구문의 형용사나 동사 앞에 쓰여서 '대단히', '굉장히'라는 강조의 뜻을 나타낸다. 일반적으로 '挺'의 수식을 받는 형용사나 동사는 뒤에 조사 '的 de'를 동반하는 경향이 있다.

- **她的汉语挺好**(的)。 그녀의 중국어 실력은 정말 훌륭해요.
  Tā de Hànyǔ tǐng hǎo (de).

- **这本书挺有意思**(的)。 이 책은 정말 재미있어요.
  Zhè běn shū tǐng yǒu yìsi (de).

- **我挺想去**(的)。 저는 정말 가고 싶어요.
  Wǒ tǐng xiǎng qù (de).

문형 연습

1 　不但 ，而且 。 ～은 ～일 뿐만 아니라 ～해요.
… búdàn …, érqiě …. 🎧 01-05

예 我们不但看到了美丽的风景，而且还吃到了美味的小吃。
Wǒmen búdàn kàndào le měilì de fēngjǐng, érqiě hái chīdào le měiwèi de xiǎochī.
우리는 아름다운 풍경을 보았을 뿐만 아니라 맛있는 간식도 먹었어요.

她
Tā

他
Tā

他们
Tāmen

是我的朋友
shì wǒ de péngyou

会说汉语
huì shuō Hànyǔ

要去苏州
yào qù Sūzhōu

是我的老师
shì wǒ de lǎoshī

会说日语
huì shuō Rìyǔ

要去杭州
yào qù Hángzhōu

2 　比 。 ～은 ～보다 ～해요.
… bǐ …. 🎧 01-06

예 杭州比北京暖和。 항저우는 베이징보다 따뜻해요.
Hángzhōu bǐ Běijīng nuǎnhuo.

哥哥
Gēge

我
Wǒ

北京
Běijīng

弟弟
dìdi

你
nǐ

杭州
Hángzhōu

高
gāo

大一岁
dà yí suì

冷
lěng

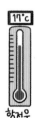 

17℃ 항저우
13℃ 베이징

无论是中文歌还是韩文歌都唱得不错。

중국어 노래든 한국어 노래든 다 잘 불러요.

📖 학습내용

- 부사 '恐怕'
- 의문사 '怎么'의 비의문 용법
- 결과보어 '好'
- 정태보어와 비교문
- 형용사의 중첩(1)

- 무조건 조건복문 '无论A, 还是B'
- 조동사 '得 děi'의 용법
- '什么'의 특수 용법(1)
- PLUS 단어 '악기'

 ## 단어 🎧 02-01

无论 wúlùn 전 ~와 관계없이	歌 gē 명 노래
唱 chàng 통 노래하다	不错 búcuò 형 틀림없다, 좋다
刚才 gāngcái 명 방금	教室 jiàoshì 명 교실
恐怕 kǒngpà 부 아마 ~일 것이다	跟 gēn 전 ~와
约 yuē 통 약속하다	遗憾 yíhàn 형 유감스럽다
表现 biǎoxiàn 통 표현하다	马虎 mǎhu 형 덤벙대다, 덜렁대다
马马虎虎 mǎmǎhūhū 형 그저 그렇다	平时 píngshí 명 평소
得 děi 조동 ~해야 한다	练 liàn 통 연습하다
歌词 gēcí 명 가사	念 niàn 통 읽다
次 cì 양 차, 회	丢 diū 통 잃다

🎧 02-02

金多情　贤秀，小英刚才来电话，请我们去唱歌。
Xiánxiù, Xiǎoyīng gāngcái lái diànhuà, qǐng wǒmen qù chàng gē.

李贤秀　什么时候？
Shénme shíhou?

金多情　今天晚上七点到他们教室。
Jīntiān wǎnshang qī diǎn dào tāmen jiàoshì.

李贤秀　今晚恐怕[1]不行。
Jīnwǎn kǒngpà bù xíng.

金多情　怎么[2]？ 你有事吗？
Zěnme? Nǐ yǒu shì ma?

李贤秀　我跟同学约好[3]了，晚上六点去看一个美国电影。
Wǒ gēn tóngxué yuēhǎo le, wǎnshang liù diǎn qù kàn yí ge Měiguó diànyǐng.

金多情　真遗憾！
Zhēn yíhàn!

李贤秀　你一个人去吧。
Nǐ yí ge rén qù ba.

金多情　好吧。
Hǎo ba.

🎧 02-03

李贤秀　你昨天晚上表现**得**❹怎么样?
Nǐ zuótiān wǎnshang biǎoxiàn de zěnmeyàng?

金多情　**马马虎虎**❺。
Mǎmǎhūhū.

李贤秀　小英呢? 她唱**得**❹怎么样?
Xiǎoyīng ne? Tā chàng de zěnmeyàng?

金多情　她唱**得**❹比我好。
Tā chàng de bǐ wǒ hǎo.

无论是中文歌**还是**❻韩文歌都唱**得**❹不错。
Wúlùn shì Zhōngwén gē háishi Hánwén gē dōu chàng de búcuò.

李贤秀　我们平时**得**❼多练练。
Wǒmen píngshí děi duō liànlian.

金多情　对呀! 有些中文歌的歌词我还不会念呢。
Duì ya! Yǒuxiē Zhōngwén gē de gēcí wǒ hái bú huì niàn ne.

李贤秀　下次我请你们去唱。
Xià cì wǒ qǐng nǐmen qù chàng.

金多情　说**好**❸了!
Shuōhǎo le!

李贤秀　没问题。
Méi wèntí.

02-04

在中国学习汉语非常忙，平时我们每天都有
Zài Zhōngguó xuéxí Hànyǔ fēicháng máng, píngshí wǒmen měitiān dōu yǒu

汉语课。下课以后，我还常常和朋友练练口语、
Hànyǔ kè.　Xià kè yǐhòu,　　wǒ hái chángcháng hé péngyou liànlian kǒuyǔ、

聊聊天什么的[8]，没有时间去跳舞、唱歌。
liáoliao tiān shénmede,　　méiyǒu shíjiān qù tiàowǔ、chàng gē.

上个星期五是我的生日，我们去唱了一次，
Shàng ge xīngqīwǔ shì wǒ de shēngrì, wǒmen qù chàng le yí cì,

我们一共唱了三个小时。我们每个人都唱了很多，
wǒmen yígòng chàng le sān ge xiǎoshí. Wǒmen měi ge rén dōu chàng le hěn duō,

贤秀唱得[4]比我好多了。
Xiánxiù chàng de bǐ wǒ hǎo duō le.

문법 해설

1 부사 '恐怕'

주로 그다지 좋지 않은 결과를 예측하는 내용에 사용하여 '아마 ~일 것이다'라는 뜻을 나타내며, 뒤에 종종 조동사를 동반하기도 한다.

- 我妈妈恐怕不会同意吧。   우리 엄마는 아마 찬성하지 않을 거예요.
  Wǒ māma kǒngpà bú huì tóngyì ba.
- 明天恐怕要下雨。   내일은 아마도 비가 내릴 것 같아요.
  Míngtiān kǒngpà yào xià yǔ.

2 의문사 '怎么'의 비의문 용법

수단이나 방법을 묻는 의문사 '怎么'가 어떤 문장의 첫 머리에 오거나 단독으로 쓰이면, 화자의 놀라움을 나타낸다.

- 怎么? 你不认识我了?   뭐라고요? 저를 모른다고요?
  Zěnme? Nǐ bú rènshi wǒ le?
- 怎么? 你又丢了钱包?   뭐라고요? 또 지갑을 잃어버렸다고요?
  Zěnme? Nǐ yòu diū le qiánbāo?

3 결과보어 '好'

동사의 뒤에서 동사의 동작 결과를 나타내는 성분을 '결과보어'라고 하며, 결과보어 '好'는 동사의 동작이 만족스러운 수준으로 완성됨을 나타낸다.

- 请大家坐好。   여러분 앉아주세요.
  Qǐng dàjiā zuòhǎo.
- 作业写好了。   숙제 다 했어요.
  Zuòyè xiěhǎo le.

문법 해설

4 정태보어와 비교문

'동사 / 형용사 + 得 + 정태보어'의 어순으로, 동사의 동작이나 형용사의 상태 등이 구체적으로 어떠한지를 보충 설명해 주는 것이 정태보어이다. 정태보어로는 단순한 형태의 형용사나 동사가 사용되거나 비교적 긴 절이 사용되기도 한다.

◉ 동사 / 형용사 + 得 + 정태보어

- 王老师说得非常对。　왕 선생님이 정말 정확하게 말씀하셨어요.
  Wáng lǎoshī shuō de fēicháng duì.

- 为什么她吃得比我还快?　왜 그녀는 먹는 게 저보다 더 빠른 거죠?
  Wèi shénme tā chī de bǐ wǒ hái kuài?

5 형용사의 중첩(1)

일반적인 2음절 형용사(AB)는 'AABB' 형태로 중첩한다. 중첩된 형용사는 원래 의미가 더욱 강조되어 상태나 상황을 생생하게 묘사한다. 또한, 구어체에서 첫 번째 글자의 중첩된 음절은 종종 경성으로 발음한다.

- 她的房间打扫得干干净净的。
  Tā de fángjiān dǎsǎo de gāngan jìngjìng de.
  그녀의 방은 반짝반짝 아주 깨끗하게 청소되어 있어요.

- 汉字要写得清清楚楚的。　한자는 또박또박 써야 해요.
  Hànzì yào xiě de qīngqing chǔchǔ de.

다만, '마마후후 Mǎmǎhūhū'와 같이, 2음절 형용사 '마후 mǎhu'와 중첩형용사 사이에 의미적으로 깊은 연관성을 찾기 힘든 예외적인 경우도 있다.

6 무조건 조건복문 '无论 A, 还是 B'

'무조건 조건복문'이란 조건이 무엇이든 결론에는 아무런 영향을 미치지 못한다는 뜻을 나타내는 구문이다. '无论'의 뒤에 특정한 조건(A 혹은 B)이 등장하고, 그 뒤에 화자가 주장하고 싶은 결론이 제시되며, 결론 부분에는 대부분 부사 '都'나 '也'를 동반한다.

- 无论下雨还是下雪, 我都会去。
  Wúlùn xià yǔ háishi xià xuě, wǒ dōu huì qù.
  비가 오든 눈이 내리든 상관없이 저는 갈 거예요.

- 无论她忙还是不忙, 一定会来的。
  Wúlùn tā máng háishi bù máng, yídìng huì lái de.
  그녀는 바쁘든 바쁘지 않든 상관없이 반드시 올 거예요.

7 조동사 '得'의 용법

'得 děi'는 '~해야 한다'는 뜻의 조동사로, 실질적인 면 혹은 감정적인 면에서의 필요성을 나타낸다. '应该 yīnggāi'보다 구어체에 가까우며, 좀 더 단정적인 느낌을 가지고 있다.

- 看脸色, 你得去看医生了。
  Kàn liǎnsè, nǐ děi qù kàn yīshēng le.
  안색을 보아하니, 당신은 의사 선생님에게 진찰 받으러 가야겠어요.

- 我也想去, 但是我还得写作业。
  Wǒ yě xiǎng qù, dànshì wǒ hái děi xiě zuòyè.
  저도 가고 싶어요. 그런데 아직 숙제를 해야 하거든요.

부정문은 '不用 búyòng'을 사용한다.

- 你不用去看医生了。　당신은 의사 선생님에게 진찰 받으러 갈 필요가 없어요.
  Nǐ búyòng qù kàn yīshēng le.

8 '什么'의 특수 용법(1)

한 가지 혹은 그 이상의 사물이나 사항을 열거하고 마지막에 '什么的'를 덧붙여 '기타 등등', '~같은 것들'의 의미를 나타낸다. '什么'만으로는 '기타 등등'의 의미를 나타낼 수 없기 때문에, 반드시 '什么的'의 형태로 사용해야 한다.

- 我喜欢跳舞什么的。
  Wǒ xǐhuan tiàowǔ shénmede.
  저는 춤추기 등을 좋아해요.

- 爸爸给我买了本子、铅笔、书包什么的。
  Bàba gěi wǒ mǎi le běnzi、qiānbǐ、shūbāo shénmede.
  아빠는 저에게 공책, 연필, 책가방 등등을 사주셨어요.

문형 연습

1 她　得比我　。 그녀는 ~하는 것이 저보다 ~해요.
Tā … de bǐ wǒ …. (= 그녀는 저보다 ~을 ~해요.)

🎧 02-05

예 她唱得比我好。 그녀는 저보다 노래를 잘 불러요.
Tā chàng de bǐ wǒ hǎo.

跑	快
pǎo	kuài
写	好一点儿
xiě	hǎo yìdiǎnr
穿	好
chuān	hǎo

2 无论　还是　都　。 ~이든 ~이든 상관없이 다 ~해요.
Wúlùn … háishi … dōu ….

🎧 02-06

예 无论是中文歌还是韩文歌都唱得不错。
Wúlùn shì Zhōngwén gē háishi Hánwén gē dōu chàng de búcuò.
중국어 노래든 한국어 노래든 상관없이 다 잘 불러요.

你	他	得来
nǐ	tā	děi lái
你去	他去	行
nǐ qù	tā qù	xíng
汉语	韩语	会说
Hànyǔ	Hányǔ	huì shuō

악기

吉他
jítā
기타

贝斯
bèisī
베이스

鼓
gǔ
드럼

小提琴
xiǎotíqín
바이올린

大提琴
dàtíqín
첼로

竖琴
shùqín
하프

钢琴
gāngqín
피아노

长笛
chángdí
플루트

萨克斯管
sàkèsīguǎn
색소폰

03

这个时候
打车没有坐地铁快。

이맘때는 택시 타는 게 지하철보다 빠르지 않아요.

 학습내용

- 의문사 '怎么'의 용법
- 명사의 장소사화
- 대동사 용법의 '打'
- 동등비교문 '有'
- 동사 '懂'과 '完'의 결과보어 용법
- PLUS 단어 '교통수단'

✔️ **단어** 🎧 03-01

咳 hāi ② 아이쿠, 아이참	别提了 bié tí le 말도 꺼내지 마
正是 zhèngshì ⑤ 바로 ~이다	上班 shàng bān ⑧ 출근하다
下班 xià bān ⑧ 퇴근하다	高峰 gāofēng ⑬ 절정, 피크
打车 dǎ chē ⑧ 택시를 타다	后 hòu ⑬ 뒤
完 wán ⑧ 다하다, 끝나다	没关系 méi guānxi 괜찮다, 상관없다
打饭 dǎ fàn ⑧ 밥을 푸다, 밥을 받다	排队 pái duì ⑧ 줄을 서다
话剧 huàjù ⑬ 연극, 희극	百分之··· bǎi fēn zhī··· 100분의 ~
演员 yǎnyuán ⑬ 배우	离 lí ⑳ ~에서
观众 guānzhòng ⑬ 관중, 관객	觉得 juéde ⑧ ~라고 느끼다
亲切 qīnqiè ⑱ 친절하다	

李贤秀　多情，你怎么❶现在才到？
Duōqíng, nǐ zěnme xiànzài cái dào?

金多情　咳！别提了！路上❷又堵车了。
Hāi! Bié tí le! Lùshang yòu dǔ chē le.

李贤秀　现在正是上下班高峰时间。
Xiànzài zhèngshì shàng xià bān gāofēng shíjiān.

金多情　是啊，我四点半就出来了，没想到堵了半个多小时。
Shì a, wǒ sì diǎn bàn jiù chūlái le, méi xiǎngdào dǔ le bàn ge duō xiǎoshí.

李贤秀　这个时候打❸车没有❹坐地铁快。
Zhè ge shíhou dǎ chē méiyǒu zuò dìtiě kuài.

金多情　下次再有这事就坐地铁。
Xià cì zài yǒu zhè shì jiù zuò dìtiě.

🎧 03-03

金多情　小英，你几点到的？
Xiǎoyīng, nǐ jǐ diǎn dào de?

林小英　我今天后两节没课，十一点三刻就到了。
Wǒ jīntiān hòu liǎng jié méi kè, shíyī diǎn sān kè jiù dào le.

李贤秀　我们班十二点十分才下课，
Wǒmen bān shí'èr diǎn shí fēn cái xià kè,

下课后我又等了一会儿多情。
xià kè hòu wǒ yòu děng le yíhuìr Duōqíng.

林小英　没关系。我已经买完⁵饭了，你们先去打²饭吧。
Méi guānxi. Wǒ yǐjīng mǎiwán fàn le, nǐmen xiān qù dǎ fàn ba.

金多情　现在得排队，我们先聊聊天吧。
Xiànzài děi pái duì, wǒmen xiān liáoliao tiān ba.

林小英　昨天的话剧怎么样？能听懂⁵吗？
Zuótiān de huàjù zěnmeyàng? Néng tīngdǒng ma?

李贤秀　能听懂⁵百分之四十。
Néng tīngdǒng bǎi fēn zhī sìshí.

金多情　演员离观众很近，觉得很亲切。
Yǎnyuán lí guānzhòng hěn jìn, juéde hěn qīnqiè.

林小英　你们要是能听懂⁵话剧，汉语就学好了。
Nǐmen yàoshi néng tīngdǒng huàjù, Hànyǔ jiù xuéhǎo le.

🎧 03-04

我的中国朋友马林身高一米七五，他没有[4]我高，
Wǒ de Zhōngguó péngyou Mǎ Lín shēngāo yì mǐ qīwǔ, tā méiyǒu wǒ gāo,

可是我觉得他长得很帅，而且非常亲切。我常常
kěshì wǒ juéde tā zhǎng de hěn shuài, érqiě fēicháng qīnqiè. Wǒ chángcháng

和他一起聊天，　我们聊电影、京剧、学习什么的。
hé tā yìqǐ liáotiān,　wǒmen liáo diànyǐng、jīngjù、xuéxí shénmede.

他说得不太快，百分之九十我都能听懂[5]。
Tā shuō de bú tài kuài, bǎi fēn zhī jiǔshí wǒ dōu néng tīngdǒng.

문법 해설

1 의문사 '怎么'의 용법

'怎么'는 주로 수단이나 방법을 묻는 의문사로 사용되지만, '为什么 wèi shénme'와 마찬가지로 '왜'라는 뜻을 나타낼 수도 있다.

- **你怎么这么高兴?** 당신 왜 이렇게 즐거워해요?
  Nǐ zěnme zhème gāoxìng?

- **今天你怎么没骑车?** 오늘 당신은 왜 자전거를 타지 않았어요?
  Jīntiān nǐ zěnme méi qí chē?

2 명사의 장소사화

'北京 Běijīng', '韩国 Hánguó' 등과 같은 지명이나 '学校 xuéxiào', '图书馆 túshūguǎn'과 같이 장소를 나타내는 명사는 그대로 장소사로 사용할 수 있으나, 그렇지 않은 '路 lù(길)', '书架 shūjià(책꽂이)' 등과 같은 명사를 장소사로 사용하기 위해서는 특정한 접미사를 붙여 주어야 한다. '上'은 명사를 장소사로 만들어주는 접미사의 일종으로, 장소의 의미가 희박하거나 없는 명사에 '(평)면'이라는 개념을 덧붙여 준다.

- **书架上有很多书。** 책장에는 많은 책이 있어요.
  Shūjià shang yǒu hěn duō shū.

- **我在车上看书。** 저는 차 안에서 책을 읽어요.
  Wǒ zài chē shang kàn shū.

3 대동사 용법의 '打'

'打'는 원래 '(손이나 도구 등으로) 두드리다', '때리다'라는 뜻으로 쓰이지만, 많은 구체적인 동작 동사를 대신하여 쓸 수 있다.

- **打鱼** dǎ yú 물고기를 잡다
- **打井** dǎ jǐng 우물을 파다
- **打水** dǎ shuǐ 물을 긷다
- **打饭** dǎ fàn 밥을 푸다

④ 동등비교문 '有'

동사 '有'를 사용하여 '동등비교문'을 만들 수 있다. 어순은 다른 비교문과 마찬가지로 '비교대상A + 有 + 비교대상B + (这么 zhème / 那么 nàme) + 서술어'이며, 'A'가 'B'의 정도나 수준에 도달하였음을 나타낸다.

- 他弟弟有他那么高了。　그의 남동생은 그만큼 키가 컸어요.
  Tā dìdi yǒu tā nàme gāo le.

부정문은 '没有'를 사용한다.

- 我姐姐没有我这么高。　우리 누나(언니)는 저만큼 이렇게 키가 크지는 않아요.
  Wǒ jiějie méiyǒu wǒ zhème gāo.

⑤ 동사 '懂'과 '完'의 결과보어 용법

결과보어의 대부분은 형용사이지만, '懂 dǒng', '完 wán', '见 jiàn', '住 zhù', '在 zài', '到 dào' 등 극히 소수의 단음절 동사 역시 결과보어가 될 수 있다. 결과보어 '懂'은 '(동사의 동작을 통하여) 이해하게 되다'라는 뜻이고, '完'은 '(동사의 동작을) 끝까지 수행하다'라는 뜻을 나타낸다.

- 王老师的话，你听懂了吗？　왕 선생님의 말씀을 당신은 알아들었나요?
  Wáng lǎoshī de huà, nǐ tīngdǒng le ma?

- 他的小说，我都看完了。　그의 소설을 저는 다 읽었어요.
  Tā de xiǎoshuō, wǒ dōu kànwán le.

문형 연습

03-05

1 我 就 了。 저는 ~부터 (일찍이) ~했어요.
Wǒ … jiù … le.

예 我四点半就出来了。 저는 4시 반부터 나왔어요.
Wǒ sì diǎn bàn jiù chūlái le.

早上七点 zǎoshang qī diǎn	到 dào
下午四点 xiàwǔ sì diǎn	下课 xià kè
昨天 zuótiān	回国 huí guó

03-06

2 你怎么 才 ? 당신은 어째서 ~가 되어서야 ~하나요?
Nǐ zěnme … cái …?

예 你怎么现在才到? 당신은 어째서 이제야 도착했나요?
Nǐ zěnme xiànzài cái dào?

十二点 shí'èr diǎn	来 lái
两点 liǎng diǎn	吃饭 chī fàn
晚上 wǎnshang	锻炼 duànliàn

교통수단

自行车
zìxíngchē
자전거

摩托车
mótuōchē
오토바이

电动滑板车
diàndòng huábǎnchē
전동킥보드

公交车
gōngjiāochē
시내버스

汽车
qìchē
자동차

出租车
chūzūchē
택시

火车
huǒchē
기차

高铁
gāotiě
고속철

飞机
fēijī
비행기

04 我把书落在出租车上了。

제가 책을 택시에 두고 내렸어요.

학습내용

- 의미상의 피동문
- '把'자문
- 서수 표현 '第'의 생략

- 반어문 표현 '不是…吗?'
- 가능보어

단어 🎧 04-01

把 bǎ 젠 동작의 대상(주로 목적어)을 동사 앞으로 끌어내어 '把'자구를 만듦	
书 shū 명 책	落 là 동 빠뜨리다
昨天 zuótiān 명 어제	时 shí 명 때
层 céng 양 층, 겹	办公室 bàngōngshì 명 사무실
考试 kǎoshì 명 시험 동 시험을 보다	复习 fùxí 동 복습하다
发票 fāpiào 명 영수증	也许 yěxǔ 부 아마도
找 zhǎo 동 찾다	扔 rēng 동 버리다
收 shōu 동 받다	第 dì 접두 제 [차례를 나타냄]
书架 shūjià 명 책꽂이	一直 yìzhí 부 줄곧, 계속
顺便 shùnbiàn 부 ~하는 김에	任务 rènwu 명 임무
完成 wánchéng 동 완성하다	贴 tiē 동 붙이다
信封 xìnfēng 명 편지봉투	声音 shēngyīn 명 목소리

고유 명사

《新编步步高》《Xīnbiān bùbùgāo》 서명 《신편 보보고》

李贤秀　李老师，你知道在哪儿买书吗？
　　　　Lǐ lǎoshī, nǐ zhīdào zài nǎr mǎi shū ma?

老　师　怎么，你的书丢了？❶
　　　　Zěnme, nǐ de shū diū le?

李贤秀　昨天坐出租时，我把书落在车上了。❷
　　　　Zuótiān zuò chūzū shí, wǒ bǎ shū là zài chē shang le.

老　师　那你得去十层❸的办公室买。坐车还看书？
　　　　Nà nǐ děi qù shí céng de bàngōngshì mǎi. Zuò chē hái kàn shū?

李贤秀　不是要考试了吗？❹想复习复习。
　　　　Bú shì yào kǎoshì le ma? Xiǎng fùxí fùxí.

老　师　你有发票吗？可以给出租车公司打电话问问，
　　　　Nǐ yǒu fāpiào ma? Kěyǐ gěi chūzūchē gōngsī dǎ diànhuà wènwen,

　　　　也许能找到。
　　　　yěxǔ néng zhǎodào.

李贤秀　我把发票扔了。❷
　　　　Wǒ bǎ fāpiào rēng le.

老　师　以后要把发票收好。❷
　　　　Yǐhòu yào bǎ fāpiào shōuhǎo.

🎧 04-03

李贤秀　马林，把你的《新编步步高》第二册借我看看。❷
Mǎ Lín, bǎ nǐ de 《Xīnbiān bùbùgāo》 dì èr cè jiè wǒ kànkan.

马　林　在书架上呢。你不是说上午去买书吗？❹
Zài shūjià shang ne. Nǐ bú shì shuō shàngwǔ qù mǎi shū ma?

李贤秀　上午一直上课。你下午有课吗？
Shàngwǔ yìzhí shàng kè. Nǐ xiàwǔ yǒu kè ma?

马　林　有哇。你有事吗？
Yǒu wa. Nǐ yǒu shì ma?

李贤秀　顺便帮我把书买回来❷，好吗？我下午得出去一趟。
Shùnbiàn bāng wǒ bǎ shū mǎi huílái, hǎo ma? Wǒ xiàwǔ děi chūqù yí tàng.

马　林　好哇！去哪儿买？
Hǎo wa! Qù nǎr mǎi?

李贤秀　十层❸的办公室。
Shí céng de bàngōngshì.

🎧 04-04

我打算今天骑自行车去小英家玩儿。可是今天早上
Wǒ dǎsuàn jīntiān qí zìxíngchē qù Xiǎoyīng jiā wánr.　Kěshì jīntiān zǎoshang

我找不到**⁵**我的自行车了，我昨天下课以后就把它
wǒ zhǎobudào wǒ de zìxíngchē le,　　wǒ zuótiān xiàkè yǐhòu jiù bǎ tā

放在车棚里了**²**，然后一直没有再骑过，一定是丢了，
fàng zài chēpéng li le,　　ránhòu yìzhí méiyǒu zài qíguo,　　yídìng shì diū le,

我得再买一辆。这次我还是坐出租车去小英家吧！
wǒ děi zài mǎi yí liàng.　Zhè cì wǒ háishi zuò chūzūchē qù Xiǎoyīng jiā ba!

문법 해설

1 의미상의 피동문

주어가 동작 행위의 대상인 경우, 다시 말해서 동작의 행위자가 될 수 없는 성분이 주어 자리에 오는 경우에는 피동문 표지가 없다고 하더라도 그 자체로 의미상의 피동문이 될 수 있다. 일반적인 피동문 유형은 5과를 참고하자.

- 任务完成了。　임무는 완성되었어요.
  Rènwu wánchéng le.

- 信写好了。　편지는 다 썼어요.
  Xìn xiěhǎo le.

2 '把'자문

동사의 뒤에 위치하는 목적어를 동사의 앞으로 가져와 목적어를 강조하여 나타내는 구문이다. '把'자문의 동사는 그 자신만으로 끝나는 경우는 드물고, 대부분 뒤에 결과보어, 방향보어, 전치사 등을 동반한다. 또한 목적어는 구체적인 설명이 없더라도 반드시 대화에 참여하는 당사자들이 모두 알고 있는 것이어야 한다.

- 我把书买来了。　제가 책을 사왔어요.
  Wǒ bǎ shū mǎilái le.

- 她把邮票贴在信封上了。　그녀는 우표를 편지봉투 위에 붙였어요.
  Tā bǎ yóupiào tiē zài xìnfēng shang le.

'把'자문을 부정할 때, 부정사는 '把'의 앞에 두어야 한다.

- 她没把邮票贴在信封上。　그녀는 우표를 편지봉투 위에 붙이지 않았어요.
  Tā méi bǎ yóupiào tiē zài xìnfēng shang.

문법 해설

3 **서수 표현 '第'의 생략**

등수, 순서, 차례 등을 나타낼 때는 숫자의 앞에 '第'를 붙인다.

- 第一名 dì yī míng 일등
- 第二课 dì èr kè 제2과
- 第三天 dì sān tiān 셋째 날

연도, 날짜, 학년, 친족 명칭 등 일상생활에서 자주 사용하는 표현의 경우, 순서의 의미를 가지고 있다고 하더라도 관용적으로 '第'를 생략한다.

- 四月五号 sì yuè wǔ hào 4월 5일
- 一年级 yī niánjí 1학년
- 二层 èr céng (건물의) 2층
- 三哥 sān gē 셋째 형

4 **반어문 표현 '不是…吗?'**

어떤 주장을 더 강하게 표현하기 위하여 '반어문'을 사용하는데, '부정 반어문'은 '강한 긍정'을, '긍정 반어문'은 '강한 부정'을 나타낸다. '不是'와 '吗'의 사이에 강조하고 싶은 내용을 삽입하는 '不是…吗?' 구문은 부정 반어문의 대표적인 패턴으로, 의문문의 형태를 취하지만 특정한 대답을 요구하는 것은 아니다.

- 今天不是星期天吗? 오늘은 일요일이잖아요!
  Jīntiān bú shì xīngqītiān ma?

- 你不是有钱吗? 당신 돈 있잖아요!
  Nǐ bú shì yǒu qián ma?

5 가능보어

가능보어는 '동사 + 得 de / 不 bu + (결과 / 방향)보어'의 형식을 취하여 동사의 의미에 '~할 수 있다(긍정)' 혹은 '~할 수 없다(부정)'는 뜻을 추가하는 문형이다. 이 때 보어의 자리에는 결과보어나 방향보어가 오게 된다.

◉ 가능보어의 긍정

- **你喝得了这么多酒吗?**
  Nǐ hēdeliǎo zhème duō jiǔ ma?
  당신은 이렇게 많은 술을 다 마실 수 있나요?

- **你听得到我的声音吗?**
  Nǐ tīngdedào wǒ de shēngyīn ma?
  당신은 제 목소리를 들을 수 있나요?

◉ 가능보어의 부정

- **我喝不了这么多酒。**
  Wǒ hēbuliǎo zhème duō jiǔ.
  저는 이렇게 많은 술을 다 마실 수 없어요.

- **我听不到你的声音。**
  Wǒ tīngbudào nǐ de shēngyīn.
  저는 당신의 목소리를 들을 수가 없어요.

문형 연습

1 我把 + 목적어 + 동사 + 기타 성분 。 저는 ~을 ~했어요.
Wǒ bǎ …… .

04-05

예 我把书丢了。 저는 책을 잃어버렸어요.
Wǒ bǎ shū diū le.

礼物
lǐwù

电影票
diànyǐng piào

头发
tóufa

给他了
gěi tā le

买好了
mǎihǎo le

剪了
jiǎn le

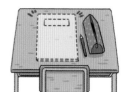

2 你不是　　吗? 당신은 ~하지 않았나요?
Nǐ bú shì … ma?

04-06

예 你不是说上午去买书吗? 당신은 오전에 책을 사러 간다고 말하지 않았나요?
Nǐ bú shì shuō shàngwǔ qù mǎi shū ma?

去锻炼
qù duànliàn

要上网
yào shàng wǎng

要预订房间
yào yùdìng fángjiān

044

05 眼镜被摔坏了。

안경이 떨어져서 망가져 버렸어요.

📖 학습내용

- 구조조사 '地 de'
- 'ㅡ A 就 B' 구문
- 피동문

- 양보구문의 '是'
- 미래를 나타내는 '就要…了'
- 반대말을 함께 익히자!

단어 🎧 05-01

眼镜 yǎnjìng 명 안경

摔 shuāi 동 넘어지다

愁眉苦脸 chóuméi kǔliǎn 성 수심에 찬 얼굴

撞 zhuàng 동 부딪히다

要紧 yàojǐn 형 (상황·병환 등이) 심각하다

戴 dài 동 (모자·안경을) 쓰다

好多 hǎoduō 형 아주 많다

抄 chāo 동 베끼다

配 pèi 동 맞추다, 배합하다

叫 jiào 전 ~에 의해 [피동문에 쓰임]

辅导 fǔdǎo 동 지도하다, 과외지도하다

偷 tōu 동 훔치다

跑 pǎo 동 (원래 자리에서) 이탈하다

被 bèi 전 ~에 의해 [피동문에 쓰임]

坏 huài 형 망가지다, 나쁘다

倒 dǎo 동 넘어지다

只是 zhǐshì 부 단지, 오직

就是 jiùshì 부 바로(단지) ~이다

让 ràng 전 ~에 의해 [피동문에 쓰임]

赶紧 gǎnjǐn 부 서둘러, 급히

本 běn 양 권 [책을 세는 단위]

语法 yǔfǎ 명 문법

同屋 tóngwū 명 룸메이트

派 pài 동 파견하다

痛快 tòngkuài 형 통쾌하다, 상쾌하다

고유 명사

《现代汉语语法》《Xiàndài Hànyǔ yǔfǎ》 서명 《현대중국어문법》

🎧 05-02

李贤秀　多情，你每天都高高兴兴地来，
Duōqíng, nǐ měitiān dōu gāogao xìngxìng de lái,

今天怎么愁眉苦脸的？
jīntiān zěnme chóuméi kǔliǎn de?

金多情　咳，别提了。今天一出楼门就被一个人撞倒了。
Hāi, bié tí le. Jīntiān yì chū lóu mén jiù bèi yí ge rén zhuàngdǎo le.

李贤秀　怎么样？要紧吗？
Zěnmeyàng? Yàojǐn ma?

金多情　不要紧，只是眼镜被摔坏了。
Bú yàojǐn, zhǐshì yǎnjìng bèi shuāihuài le.

李贤秀　不戴眼镜能上课吗？
Bú dài yǎnjìng néng shàng kè ma?

金多情　能是能，就是好多字让我抄错了。
Néng shì néng, jiùshì hǎoduō zì ràng wǒ chāocuò le.

李贤秀　赶紧配眼镜吧。
Gǎnjǐn pèi yǎnjìng ba.

🎧 05-03

金多情　小英，你借我一本书好吗?
Xiǎoyīng, nǐ jiè wǒ yì běn shū hǎo ma?

林小英　什么书?
Shénme shū?

金多情　《现代汉语语法》。
《Xiàndài Hànyǔ yǔfǎ》.

林小英　我的这本书叫人借走了。**③** 你有什么事吗?
Wǒ de zhè běn shū jiào rén jièzǒu le. Nǐ yǒu shénme shì ma?

金多情　马上就要考试了**⑤**，我想把语法复习复习。
Mǎshàng jiùyào kǎoshì le, wǒ xiǎng bǎ yǔfǎ fùxí fùxí.

林小英　有什么问题问我吧，我给你辅导。
Yǒu shénme wèntí wèn wǒ ba, wǒ gěi nǐ fǔdǎo.

金多情　那一会儿你来我宿舍，好吗?
Nà yíhuìr nǐ lái wǒ sùshè, hǎo ma?

林小英　你的同屋不在吗?
Nǐ de tóngwū bú zài ma?

金多情　她被朋友叫走了。**③**
Tā bèi péngyou jiàozǒu le.

🎧 05-04

多情昨天一出门就**[2]**摔倒了。她自己不要紧，
Duōqíng zuótiān yì chūmén jiù shuāidǎo le. Tā zìjǐ bú yàojǐn,

可是眼镜叫她摔坏了**[3]**。马上就要考试了**[4]**，没有眼镜
kěshì yǎnjìng jiào tā shuāihuài le. Mǎshàng jiùyào kǎoshì le,   méiyǒu yǎnjìng

不能上课，多情赶紧去配了一个。现在她就戴着呢！
bù néng shàng kè, Duōqíng gǎnjǐn qù pèi le yí ge.   Xiànzài tā jiù dàizhe ne!

我觉得她这个眼镜漂亮是**[4]**漂亮，就是太贵了！
Wǒ juéde tā zhè ge yǎnjìng piàoliang shì piàoliang, jiùshì tài guì le!

문법 해설

1 구조조사 '地'

동사 혹은 형용사의 앞에 수식어가 올 경우, 일반적으로 피수식어와 수식어 사이에는 '地 de'가 필요하다.

- 王老师很高兴地进来了。 왕 선생님은 아주 즐거워하며 들어오셨어요.
  Wáng lǎoshī hěn gāoxìng de jìnlái le.

- 雨不停地下着。 비가 끊임없이 내리고 있어요.
  Yǔ bù tíng de xiàzhe.

그러나 장소, 시간 등을 나타내는 수식어는 '地'를 사용하지 않는다.

- 我每天在图书馆学习。 저는 매일 도서관에서 공부해요.
  Wǒ měitiān zài túshūguǎn xuéxí.

2 '一A就B' 구문

동사 'A'의 동작이 먼저 이루어진 다음, 시간 간격을 거의 두지 않고 연속적으로 'B'라는 동작이 이루어짐을 표현하는 구문이다. 'A'와 'B'의 주어가 같은 경우 주어는 '一' 앞쪽에 오지만, 'A'와 'B'의 주어가 다른 경우 'A'의 주어는 '一'의 앞에, 'B'의 주어는 '就'의 앞에 온다.

- 他一回到家就换衣服。 그는 집에 돌아오자마자 바로 옷을 갈아입어요.
  Tā yì huídào jiā jiù huàn yīfu.

- 一到星期天，我就去图书馆。 일요일이 되면 저는 바로 도서관에 가요.
  Yí dào xīngqītiān, wǒ jiù qù túshūguǎn.

- 我一说，她就明白了。 제가 말하자마자 그녀는 바로 이해했어요.
  Wǒ yì shuō, tā jiù míngbai le.

3 피동문

'~에 의하여 ~을 당하다'라는 뜻을 나타내는 피동문은 주로 화자의 입장에서 볼 때 바람직하지 않은 감정을 표현할 때 사용된다. 전형적인 피동문은 '행위의 대상＋被 bèi＋행위의 주체＋동사＋기타 성분'의 어순으로 표현하며, '被'의 뒤에 오는 행위의 주체가 명확하지 않거나 언급할 필요가 없다면 생략할 수도 있다.

- 昨天我的钱包被(人)偷走了。
  Zuótiān wǒ de qiánbāo bèi (rén) tōuzǒu le.
  어제 제 지갑은 누군가에 의해 훔쳐 달아나는 일을 당했어요.
  (= 어제 제 지갑을 도둑맞았어요.)

- 我的自行车被(小偷)骑走了。
  Wǒ de zìxíngchē bèi (xiǎotōu) qízǒu le.
  제 자전거는 좀도둑에 의해 타고 가는 일을 당했어요.
  (= 도둑이 제 자전거를 타고 달아났어요.)

최근에는 '좋다' 혹은 '나쁘다'라는 가치 판단이 개입되기 힘들거나 심지어 바람직한 상황에서도 피동문을 사용하는 경향이 있다.

- 她被我们选为班长了。
  Tā bèi wǒmen xuǎn wéi bānzhǎng le.
  그녀는 우리들에 의하여 반장으로 선출되었어요.

- 老王被公司派到中国去了。
  Lǎo Wáng bèi gōngsī pàidào Zhōngguó qù le.
  미스터 왕은 회사에 의하여 중국으로 파견되었어요.

전형적인 피동문은 '被'를 사용하지만, 구어체에서는 '被' 대신 '让' 혹은 '叫'로 말하기도 한다. 그러나 '让'과 '叫'를 사용한 피동문에서는 일반적으로 행위의 주체를 생략할 수 없다.

- **你的衣服让风刮跑了。**   당신 옷이 바람에 날아가 버렸어요.
  Nǐ de yīfu ràng fēng guāpǎo le.

피동문의 부정은 '被'의 앞에 부정사를 삽입하여 표현한다.

- **我从来没(有)被人打过。**   저는 지금까지 누구에게 맞아본 적이 없어요.
  Wǒ cónglái méi(yǒu) bèi rén dǎguo.

4 양보구문의 '是'

양보구문을 만드는 '是'는 'A + 是 + A, (但是 / 就是) + 강조 내용'의 문형을 취한다. '是'의 앞뒤에 같은 단어나 구를 나열하여 화자가 인정하거나 양보할 수 있는 최소한의 범위를 제시하고, 실질적으로 강조하고 싶은 내용은 그 뒤에 이어진다.

- **这台手机好是好，就是太贵了。**
  Zhè tái shǒujī hǎo shì hǎo, jiùshì tài guì le.
  이 휴대전화가 좋기는 좋죠. 그래도 너무 비싸요.

- **累是累，但是心里非常痛快。**
  Lèi shì lèi, dànshì xīnli fēicháng tòngkuài.
  지치기는 지치죠. 그렇지만 마음은 정말 시원해요.

문법 해설

5 미래를 나타내는 '就要 … 了'

'금방 ~할 것이다'라는 뜻을 나타내는 구문으로, 바로 앞에 다가올 미래의 시간을 나타낸다. '就要'와 '了' 사이에는 형용사구나 동사구가 들어가며, 비슷한 구문인 '快要 … 了'보다 시간적으로 더욱 촉박하다는 느낌을 준다.

- 暑假就要开始了。　여름방학이 곧 시작될 거예요.
  Shǔjià jiùyào kāishǐ le.

- 明天就要考试了。　내일 바로 시험을 치를 거예요.
  Míngtiān jiùyào kǎoshì le.

문형 연습

---

1 □ **一** □ **就** □ 。 ～은 ～하자마자 바로 ～해요.
… yī … jiù ….
05-05

예 **我一出楼门就被一个人撞倒了。**
Wǒ yì chū lóu mén jiù bèi yí ge rén zhuàngdǎo le.
저는 건물 문을 나서자마자 누군가에게 부딪혀 쓰러졌어요.

他 Tā	回家 huí jiā	看书 kàn shū
我 Wǒ	下课 xià kè	去图书馆 qù túshūguǎn
他 Tā	回宿舍 huí sùshè	上网 shàng wǎng

---

2 행위의 대상 **被**(행위의 주체) 동사 **+**기타 성분 。
… bèi (…) ….
05-06
～은 (～에 의해) ～되었어요.

예 **我被一个人撞倒了。** 저는 누군가에게 부딪혀 쓰러졌어요.
Wǒ bèi yí ge rén zhuàngdǎo le.

我的书 Wǒ de shū		借走了 jièzǒu le
那件衣服 Nà jiàn yīfu	他 tā	拿走了 názǒu le
	她 tā	
眼镜 Yǎnjìng	一个人 yí ge rén	摔坏了 shuāihuài le

중국어 보충설명

반대말을 함께 익히자!

중국어의 어휘 능력을 향상시키는 좋은 방법 중 하나는 서로 반대말의 관계에 있는 단어들을 한데 묶어서 익히는 것입니다. 형용사라면 '大 dà (크기가) 크다, (나이가) 많다 ↔ 小 xiǎo (크기가) 작다, (나이가) 적다', '早 zǎo (시간적으로) 빠르다 ↔ 晚 wǎn (시간적으로) 늦다'와 같이 반대 개념의 두 단어를 같이 알아두면 더욱 효과적인 학습이 되겠죠?

그런데 '전화를 걸다'를 '打电话 dǎ diànhuà'라고 한다는 것 정도는 쉽게 접할 수 있지만, '전화를 끊다'는 어떻게 말할까요? 이처럼 일상생활에서 자주 사용하는 표현들의 긍정적인 의미는 알고 있어도 그 반대 표현은 의외로 찾아보기 힘든 경우가 많답니다. 생각해 보면, 그러한 표현 역시 일상생활에서 말해야 할 기회가 많이 있는데 말입니다. 이처럼 서로 반대말 관계에 있는 대표적인 동사 표현들을 아래에 정리했으니 서로 비교하며 익혀 보세요!

上学 shàng xué 등교하다	↔	放学 fàng xué 하교하다
开门 kāi mén 문을 열다	↔	关门 guān mén 문을 닫다
打电话 dǎ diànhuà 전화를 걸다	↔	挂电话 guà diànhuà 전화를 끊다
穿衣服 chuān yīfu 옷을 입다	↔	脱衣服 tuō yīfu 옷을 벗다
戴眼镜 dài yǎnjìng 안경을 쓰다	↔	摘眼镜 zhāi yǎnjìng 안경을 벗다
排队 pái duì 줄서다	↔	插队 chā duì 새치기하다
化妆 huà zhuāng 화장을 하다	↔	卸妆 xiè zhuāng 화장을 지우다

참고로 동사 '戴 dài ↔ 摘 zhāi'는 '眼镜 yǎnjìng(안경)' 이외에도, '帽子 màozi(모자)', '耳环 ěrhuán(귀걸이)', '手套 shǒutào(장갑)', '面具 miànjù(탈, 가면)' 등을 목적어로 가질 수 있어요!

06

我打电话叫我的同屋回来开的门。

저는 룸메이트에게 전화를 걸어서
돌아와 문을 열어달라고 했어요.

 학습내용

- 사역문
- 동사 '怕'의 의미 확장
- 가능보어의 의미 확장

- 조건관계복문 '只要 A 就 B'
- '什么'의 특수 용법(2)

 **단어** 🎧 06-01

叫 jiào 동 ~로 하여금 ~을(를) 시키다	阅览室 yuèlǎnshì 명 열람실
屋 wū 명 집, 방	着急 zháojí 동 조급하다
…之内 …zhī nèi ~의 안	课本 kèběn 명 교과서, 교재
后天 hòutiān 명 모레	期末 qīmò 명 기말
怕 pà 동 두려워하다, 걱정하다	基础 jīchǔ 명 기초
来得及 láidejí 동 제시간에 댈 수 있다	来不及 láibují 동 제시간에 댈 수 없다
弄 nòng 동 ~하다	明白 míngbai 동 이해하다, 알다
只要 zhǐyào 접 ~하기만 하면	感谢 gǎnxiè 동 감사하다
课文 kèwén 명 본문	虚心 xūxīn 명 겸손, 겸허
进步 jìnbù 명 진보 동 진보하다	老鼠 lǎoshǔ 명 쥐
猫 māo 명 고양이	忘记 wàngjì 동 잊어버리다
雨伞 yǔsǎn 명 우산	

🎧 06-02

金多情 你在哪儿呢?
Nǐ zài nǎr ne?

同屋 我在阅览室呢。怎么了? 有事吗?
Wǒ zài yuèlǎnshì ne. Zěnme le? Yǒu shì ma?

金多情 我把钥匙落在屋里了,进不去了。
Wǒ bǎ yàoshi là zài wū li le, jìnbuqù le.

同屋 别着急,我马上回去。
Bié zháojí, wǒ mǎshàng huíqù.

金多情 你十五分钟之内回得来吗?
Nǐ shíwǔ fēnzhōng zhī nèi huídelái ma?

我进屋拿完东西还要出去。
Wǒ jìn wū náwán dōngxi hái yào chūqù.

同屋 能回去。
Néng huíqù.

🎧 06-03

金多情　对不起，我来晚了。
Duìbuqǐ, wǒ láiwǎn le.

林小英　没关系。快请坐。
Méi guānxi. Kuài qǐng zuò.

金多情　我刚才进不去屋了，打电话叫我的同屋回来开的门。❶
Wǒ gāngcái jìnbuqù wū le, dǎ diànhuà jiào wǒ de tóngwū huílái kāi de mén.

林小英　是吗？课本都带来了吗？
Shì ma? Kèběn dōu dàilái le ma?

金多情　带来了。后天就要期末考试了，我怕❷复习不完。
Dàilái le. Hòutiān jiùyào qīmò kǎoshì le, wǒ pà fùxí bu wán.

林小英　你的基础不错，现在复习来得及❸。
Nǐ de jīchǔ búcuò, xiànzài fùxí láidejí.

金多情　有些语法问题我还是弄不明白，你帮我看看。
Yǒuxiē yǔfǎ wèntí wǒ háishi nòng bu míngbai, nǐ bāng wǒ kànkan.

林小英　没问题。只要是语法问题，你就❹问我。
Méi wèntí. Zhǐyào shì yǔfǎ wèntí, nǐ jiù wèn wǒ.

金多情　太感谢你了。
Tài gǎnxiè nǐ le.

林小英　客气什么❺。
Kèqi shénme.

06-04

我和贤秀约好了今天晚上六点三十一起去同学家
Wǒ hé Xiánxiù yuēhǎo le jīntiān wǎnshang liù diǎn sānshí yìqǐ qù tóngxué jiā

吃饭。可是刚才贤秀打电话说他还在学校，他的作业
chī fàn.　Kěshì gāngcái Xiánxiù dǎ diànhuà shuō tā hái zài xuéxiào, tā de zuòyè

还没做完，可能要七点才回得来。我怕[2]同学着急，
hái méi zuòwán, kěnéng yào qī diǎn cái huídelái.　Wǒ pà tóngxué zháojí,

打算先去同学家，在那儿等贤秀。可是同学家在哪儿，
dǎsuàn xiān qù tóngxué jiā, zài nàr děng Xiánxiù.　Kěshì tóngxué jiā zài nǎr,

我一直没弄清楚，我得给同学打个电话。
wǒ yìzhí méi nòng qīngchu, wǒ děi gěi tóngxué dǎ ge diànhuà.

1 사역문

'~로 하여금 ~을(를) 시키다'는 뜻을 나타내는 사역문의 전형적인 문형은 '주어(명령자) + 叫 jiào + 행위자 + 동사 / 형용사'이다. 뉘앙스가 조금씩 다르기는 하지만, '叫' 이외에도, '让 ràng', '使 shǐ' 등도 사역동사로 쓰인다.

- **王老师叫我念课文。**   왕 선생님께서 저에게 본문을 읽으라고 시키셨어요.
  Wáng lǎoshī jiào wǒ niàn kèwén.

- **妈妈叫我去图书馆。**   엄마는 저에게 도서관에 가라고 하셨어요.
  Māma jiào wǒ qù túshūguǎn.

- **让我想一想。**   제가 생각 좀 하게 해주세요.
  Ràng wǒ xiǎng yi xiǎng.

- **虚心使人进步。**   겸손이 사람을 발전시킨다.
  Xūxīn shǐ rén jìnbù.

2 동사 '怕'의 의미 확장

동사 '怕'는 원래 어떤 대상을 '두려워하다', '무서워하다'라는 뜻의 동사이지만, 그 의미 영역이 확장되어 '걱정하다', '신경이 쓰이다'라는 뜻으로 추상화되었다. 원래 의미와 확장 의미로 쓰일 때 모두 명사(구), 동사(구), 주술구 등을 목적어로 취할 수 있다.

- **你怕什么?**   당신은 무엇을 무서워하나요?
  Nǐ pà shénme?

- **老鼠怕猫。**   쥐는 고양이를 무서워해요.
  Lǎoshǔ pà māo.

- **我怕你忘记带雨伞。**   저는 당신이 우산 챙기는 걸 잊을까봐 걱정이에요.
  Wǒ pà nǐ wàngjì dài yǔsǎn.

③ 가능보어의 의미 확장

'동사 + 得 de / 不 bu + (결과 / 방향)보어' 문형의 가능보어는 결과보어나 방향보어의 원래 의미에 '가능 혹은 불가능'이라는 뜻이 덧붙여지지만, 자주 사용되는 몇몇 가능보어는 의미 영역이 좀 더 확장되기도 한다. '동사 + 得及' 혹은 '동사 + 不及'에서 '及 jí'는 원래 '도달하다', '이르다'는 뜻이지만, 가능보어로 작용할 때는 '시간적으로 여유가 있어서 동사의 동작이 가능하다'는 의미로 확장되어 쓰인다.

- 已经九点了，你来得及上课吗?
  Yǐjīng jiǔ diǎn le, nǐ láidejí shàng kè ma?
  벌써 9시인데, 너 수업에 맞추어 올 수 있겠니?

- 今天作业太多了，我来不及休息。
  Jīntiān zuòyè tài duō le, wǒ láibují xiūxi.
  오늘은 숙제가 너무 많아서, 저는 쉴 수 있는 여유가 없어요.

④ 조건관계복문 '只要 A 就 B'

'只要 A 就 B'는 'A하기만 하면 바로 B할 것이다'라는 뜻을 나타낸다. 'A'에는 필요한 특정 조건을 제시하고, 'B'에는 그 조건을 만족시키는 결과에 대하여 설명한다. 'A'와 'B'에는 일반적으로 동사구가 오며, 앞뒤의 주어가 동일하다면, 주어는 한 번만 사용하면 된다.

- 只要吃这个药，你的感冒就会好的。
  Zhǐyào chī zhè ge yào, nǐ de gǎnmào jiù huì hǎo de.
  이 약을 먹기만 하면, 당신의 감기는 바로 나을 거예요.

- 只要有时间，她就睡觉。
  Zhǐyào yǒu shíjiān, tā jiù shuìjiào.
  시간만 있으면, 그녀는 잠을 자요.

5 '什么'의 특수 용법(2)

일반적으로 목적어를 가지지 못하는 형용사나 자동사의 뒤에 '什么'가 있다면, 의문사가 아니라 화자의 '불만', '불평', '비꼼', '놀라움', '장난', '반론' 등의 어감을 지닌다.

- **你自己错了，哭什么！**
  Nǐ zìjǐ cuò le, kū shénme!
  네가 혼자 잘못해놓고, 울긴 뭘 울어!

- **只有五公斤，重什么！**
  Zhǐyǒu wǔ gōngjīn, zhòng shénme!
  겨우 5킬로그램뿐인데, 무겁긴 뭐가 무겁다고 그래!

- **好什么呀！只是平时吃的。**
  Hǎo shénme ya! Zhǐshì píngshí chī de.
  좋기는 뭐가 좋다고! 그저 평소 먹는 것일 뿐인데.

문형 연습

1

명령자 **叫** 행위자 동사구 。 ～가 ～에게 ～을 시키다.

… jiào … …. 06-05

예 我(打电话)叫我的同屋回来开的门。

Wǒ (dǎ diànhuà) jiào wǒ de tóngwū huílái kāi de mén.

저는 룸메이트에게 (전화를 걸어서) 돌아와 문을 열어달라고 했어요.

我 Wǒ	他 tā	开门 kāi mén
妈妈 Māma	我 wǒ	吃饭 chī fàn
老师 Lǎoshī	我 wǒ	念课文 niàn kèwén

2

只要 ， 就 。 ～하면 ～은 바로 ～해요.

Zhǐyào …, … jiù …. 06-06

예 只要是语法问题，你就问我。 문법 문제가 있으면, 당신은 나에게 바로 물어보세요.

Zhǐyào shì yǔfǎ wèntí, nǐ jiù wèn wǒ.

喜欢 xǐhuan	你 nǐ	买 mǎi
好好儿休息 hǎohāor xiūxi	他 tā	能好 nénghǎo
想喝 xiǎng hē	你 nǐ	喝 hē

07 这次考试你考得怎么样?

당신 이번 시험은 좀 어때요?

📖 학습내용

- 목적어를 포함하는 정태보어 구문
- '除了A以外' 구문의 두 가지 용법
- 최상급 표시 '最'
- 점층 표현 '越A越B'와 '越来越'
- 합음자(合音字) '俩'

단어 🎧 07-01

考 kǎo 통 시험을 치다

别的 biéde 대 다른, 다른 것

最 zuì 부 가장, 제일

少 shǎo 형 적다

难 nán 형 어렵다

学 xué 통 배우다

比较 bǐjiào 부 비교적

越来越 yuèláiyuè 점점, 더욱더

看样子 kàn yàngzi 보아하니

级 jí 양 급 [등급을 세는 단위]

流利 liúlì 형 유창하다

除了A以外 chúle A yǐwài A를 제외하고

特别 tèbié 부 특히

收获 shōuhuò 명 수확

俩 liǎ 대 둘, 두 사람

刚 gāng 부 막, 방금

发音 fāyīn 명 발음

越A越B yuè A yuè B A할수록 B하다

有意思 yǒu yìsi 형 재미있다

通过 tōngguò 통 합격하다

为 wèi 전 ~을 위하여

고유 명사

首尔 Shǒu'ěr 지명 서울

釜山 Fǔshān 지명 부산

🎧 07-02

金多情　贤秀，**这次考试你考得怎么样?**❶
　　　　Xiánxiù, zhè cì kǎoshì nǐ kǎo de zěnmeyàng?

李贤秀　**除了语法不太好以外**❷，别的都不错。你呢?
　　　　Chúle yǔfǎ bú tài hǎo yǐwài, biéde dōu búcuò. Nǐ ne?

金多情　我考得也不错，特别是语法考得**最**❸好。
　　　　Wǒ kǎo de yě búcuò, tèbié shì yǔfǎ kǎo de zuì hǎo.

李贤秀　你不是怕语法考不好吗?
　　　　Nǐ bú shì pà yǔfǎ kǎobuhǎo ma?

金多情　小英给我辅导过两次，好多了。
　　　　Xiǎoyīng gěi wǒ fǔdǎo guo liǎng cì, hǎo duō le.

李贤秀　你的收获不少哇!
　　　　Nǐ de shōuhuò bù shǎo wa!

金多情　我也觉得挺大的。
　　　　Wǒ yě juéde tǐng dà de.

🎧 07-03

林小英　你们俩⁵觉得汉语难吗?
Nǐmen liǎ juéde Hànyǔ nán ma?

李贤秀　刚学的时候，觉得发音比较难，
Gāng xué de shíhou, juéde fāyīn bǐjiào nán,

现在发音越来越好了。
xiànzài fāyīn yuèláiyuè hǎo le.

金多情　我也是。觉得汉语越学越⁴有意思，也越⁴学越⁴好。
Wǒ yě shì. Juéde Hànyǔ yuè xué yuè yǒu yìsi, yě yuè xué yuè hǎo.

林小英　你们俩⁵的进步都很大。
Nǐmen liǎ de jìnbù dōu hěn dà.

看样子，你们也都挺满意的。
Kàn yàngzi, nǐmen yě dōu tǐng mǎnyì de.

金多情　那当然。除了学习汉语以外²，我们还认识了
Nà dāngrán. Chúle xuéxí Hànyǔ yǐwài, wǒmen hái rènshi le

许多中国朋友。
xǔduō Zhōngguó péngyou.

李贤秀　我们的汉语比来的时候好多了，
Wǒmen de Hànyǔ bǐ lái de shíhou hǎo duō le,

通过HSK六级没问题。
tōngguò HSK liù jí méi wèntí.

林小英　来，为你们的进步干杯!
Lái, wèi nǐmen de jìnbù gānbēi!

多情·贤秀　干杯!
Gānbēi!

🎧 07-04

我觉得在中国过新年特别有意思。昨天我们学校
Wǒ juéde zài Zhōngguó guò xīnnián tèbié yǒu yìsi. Zuótiān wǒmen xuéxiào

有一个新年晚会，除了中国学生以外[2]，还有很多
yǒu yí ge xīnnián wǎnhuì, chúle Zhōngguó xuésheng yǐwài, hái yǒu hěn duō

韩国学生和日本学生。我们在一起吃饭、唱歌、跳舞
Hánguó xuésheng hé Rìběn xuésheng. Wǒmen zài yìqǐ chī fàn、chàng gē、tiào wǔ

什么的，玩儿得非常高兴。除了我们班的同学以外[2]，
shénmede, wánr de fēicháng gāoxìng. Chúle wǒmen bān de tóngxué yǐwài,

我还认识了很多别的班的同学，这次晚会我的收获
wǒ hái rènshi le hěn duō biéde bān de tóngxué, zhè cì wǎnhuì wǒ de shōuhuò

特别大。
tèbié dà.

1 목적어를 포함하는 정태보어 구문

정태보어 구문에 목적어가 있다면, '동사＋목적어＋동사＋得＋정태보어'와 같이 목적어를 중심으로 동일한 동사를 두 번 반복하여 표현한다.

- **她唱歌唱得非常好。** 그녀는 노래를 정말 잘 불러요.
  Tā chàng gē chàng de fēicháng hǎo.
- **他说汉语说得很流利。** 그는 중국어를 아주 유창하게 말해요.
  Tā shuō Hànyǔ shuō de hěn liúlì.

구어체에서는 첫 번째 동사를 생략하기도 한다.

- **他汉语说得很流利。** 그는 중국어를 아주 유창하게 말해요.
  Tā Hànyǔ shuō de hěn liúlì.

목적어를 강조하고 싶을 때는 주어보다 앞에 두기도 한다.

- **歌，她唱得非常好。** 노래를 그녀는 정말 잘 불러요.
  Gē, tā chàng de fēicháng hǎo.

정태보어 구문의 부정은 동사가 아니라 보어를 부정하여 만든다.

- **我(写)汉字写得不好。** 저는 한자를 잘 못 써요.
  Wǒ (xiě) Hànzì xiě de bù hǎo.

07 这次考试你考得怎么样?   067

문법 해설

2 '除了 A 以外' 구문의 두 가지 용법

'除了 A 以外'는 'A를 제외한다면'이라는 뜻으로, '以外'를 생략하기도 한다.
'除了 A 以外'의 뒤에 '都 B' 구문이 이어지는 경우, 'A'라는 특별한 예를 제외한다면, 나머지는 모두 다 동일하게 'B'에 해당한다는 뜻을 나타낸다.

- 除了你(以外)，大家都知道。　당신 말고 다른 사람들은 다 알아요.
  Chúle nǐ (yǐwài), dàjiā dōu zhīdào.

- 除了他是首尔人(以外)，我们都是釜山人。
  Chúle tā shì Shǒu'ěr rén (yǐwài), wǒmen dōu shì Fǔshān rén.
  그가 서울 사람인 것을 제외하면 우리는 모두 부산 사람이에요.

'除了 A 以外'의 뒤에 '还 / 再 / 也 B' 구문이 이어지는 경우, 이미 잘 알고 있는 'A'라는 예를 제외하고도 다시 새롭게 'B'라는 추가적인 예도 있음을 나타낸다.

- 除了写小说以外，我还喜欢照相。
  Chúle xiě xiǎoshuō yǐwài, wǒ hái xǐhuan zhàoxiàng.
  소설 쓰는 것 말고, 저는 사진 찍는 것도 좋아해요.

- 这个教室里除了桌子和椅子以外，还有很多书。
  Zhè ge jiàoshì li chúle zhuōzi hé yǐzi yǐwài, hái yǒu hěn duō shū.
  이 교실에는 책상과 의자 말고, 책 또한 많이 있어요.

3 최상급 표시 '最'

중국어의 최상급 표시 '最'는 형용사나 동작성이 없는 동사의 앞에 두어야 한다.

- 学生食堂的菜最好吃。　학생식당의 음식이 제일 맛있어요.
  Xuésheng shítáng de cài zuì hǎochī.

- 她跑得最快。　그녀가 제일 빨리 달려요.
  Tā pǎo de zuì kuài.

- 她有两个姐姐，但是她最像她妈妈。
  Tā yǒu liǎng ge jiějie, dànshì tā zuì xiàng tā māma.
  그녀는 언니가 두 명 있지만, 그녀가 그녀의 엄마를 제일 많이 닮았어요.

4 점층 표현 '越 A 越 B'와 '越来越'

'越 A 越 B'는 동작이나 현상이 점점 더 심화·발전되는 모습을 표현하는 '긴축문'으로, 'A하면 할수록 더욱 B하다'는 뜻을 나타낸다.

- 她越大越漂亮。　그녀는 크면 클수록 더 아름다워져요.
  Tā yuè dà yuè piàoliang.
- 王老师越生气越不说话。　왕 선생님은 화가 나면 날수록 말씀을 더 안 하세요.
  Wáng lǎoshī yuè shēngqì yuè bù shuōhuà.

'越来越…'는 '점점 더 ~하다'는 뜻으로, '越 A 越 B' 구문 중에서도 자주 사용되는 표현이 일종의 관용구로 굳어진 것이다.

- 天气越来越暖和了。　날씨가 점점 더 따뜻해졌어요.
  Tiānqì yuèláiyuè nuǎnhuo le.
- 她唱歌唱得越来越好。　그녀는 노래를 점점 더 잘 하게 되었어요.
  Tā chàng gē chàng de yuèláiyuè hǎo.

5 합음자(合音字) '俩'

중국어에는 두 개의 한자가 합쳐져서 한 글자가 된 합음자가 다수 존재하는데, '俩'는 그 대표적인 예라고 하겠다. 글자의 형태에서도 알 수 있듯이 수사 '两 liǎng'과 '人 rén'이 서로 결합된 형태로 '两个人 liǎng ge rén'을 뜻한다. 글자의 형성 과정에서 '俩' 속에 양사 '个'가 포함되어 있는 것으로 간주되기 때문에 '俩 liǎ'의 뒤에는 별도의 양사를 쓸 수 없다. 대표적인 합음자를 예문으로 확인하자.

- 仨 sā = 三个(人) sān ge (rén) 세 사람
- 甭 béng = 不用 búyòng ~할 필요 없다

문형 연습

1 除了　以外，别的都　。

Chúle … yǐwài, biéde dōu ….

~이외에 다른 것은 모두 ~해요.

07-05

예 除了语法不太好以外，别的都不错。

Chúle yǔfǎ bú tài hǎo yǐwài, biéde dōu búcuò.

문법이 별로인 거 외에 다른 건 다 괜찮아요.

啤酒 píjiǔ	喜欢喝 xǐhuan hē
京剧 Jīngjù	喜欢看 xǐhuan kàn
电影 diànyǐng	不想看 bù xiǎng kàn

2 　越　越　。　~은 ~하면 할수록 더 ~해요.

… yuè … yuè ….

07-06

예 汉语越学越有意思。　중국어는 배우면 배울수록 더 재미있어요.

Hànyǔ yuè xué yuè yǒu yìsi.

身体 Shēntǐ	锻炼 duànliàn	好 hǎo
自行车 Zìxíngchē	骑 qí	快 kuài
头发 Tóufa	剪 jiǎn	短 duǎn

08 复习1
복습1

 **학습내용**

- 동사 '给'의 목적어의 속성
- 내용 Check!
- PLUS 단어 '중국 여행 스팟!'

 단어 🎧 08-01

学期 xuéqī 명 학기	结束 jiéshù 동 끝나다
简单 jiǎndān 형 간단하다	业余 yèyú 형 여가의
丰富 fēngfù 형 풍부하다	留学 liúxué 동 유학하다
聪明 cōngming 형 똑똑하다	帮助 bāngzhù 동 돕다
山水 shānshuǐ 명 경치, 풍경	往返 wǎngfǎn 동 왕복하다
零用钱 língyòngqián 명 용돈	勇气 yǒngqì 명 용기
拳 quán 양 대 [때리는 횟수를 세는 단위] 명 주먹	

时间过得真快，一个学期就要结束了，我和
Shíjiān guò de zhēn kuài, yí ge xuéqī jiùyào jiéshù le, wǒ hé

贤秀马上就要回国了。这学期我们的收获挺大的。
Xiánxiù mǎshàng jiùyào huí guó le. Zhè xuéqī wǒmen de shōuhuò tǐng dà de.

刚来的时候，我们只会说简单的汉语，发音也不好，
Gāng lái de shíhou, wǒmen zhǐ huì shuō jiǎndān de Hànyǔ, fāyīn yě bù hǎo,

现在我们的发音越来越好，汉语也越学越有意思了。
xiànzài wǒmen de fāyīn yuèláiyuè hǎo, Hànyǔ yě yuè xué yuè yǒu yìsi le.

我想要是我们参加HSK考试，通过六级没有问题。
Wǒ xiǎng yàoshì wǒmen cānjiā HSK kǎoshì, tōngguò liù jí méiyǒu wèntí.

除了学习以外，我们还去旅行了。新年的时候，
Chúle xuéxí yǐwài, wǒmen hái qù lǚxíng le. Xīnnián de shíhou,

我们去了苏州和杭州，这两个地方风景很美，好吃
wǒmen qù le Sūzhōu hé Hángzhōu, zhè liǎng ge dìfang fēngjǐng hěn měi, hǎochī

的东西也很多，我们不但大饱了眼福，而且也大饱
de dōngxi yě hěn duō, wǒmen búdàn dàbǎo le yǎnfú, érqiě yě dàbǎo

了口福。我们的业余生活也很丰富，没有课的时候，
le kǒufú. Wǒmen de yèyú shēnghuó yě hěn fēngfù, méiyǒu kè de shíhou,

我们常常出去走走，有时侯去看看电影、京剧、
wǒmen chángcháng chūqù zǒuzou, yǒu shíhou qù kànkan diànyǐng、 Jīngjù、

话剧什么的；有时侯跟朋友聊聊天、唱唱歌什么的。
huàjù shénmede; yǒu shíhou gēn péngyou liáoliao tiān、 chàngchang gē shénmede.

我觉得在北京的生活很开心。
Wǒ juéde zài Běijīng de shēnghuó hěn kāixīn.

这次留学的最大收获是认识了中国朋友小英。
Zhè cì liúxué de zuì dà shōuhuò shì rènshi le Zhōngguó péngyou Xiǎoyīng.

她是一个聪明、漂亮的姑娘。她给★了我们很大的
Tā shì yí ge cōngming、 piàoliang de gūniang. Tā gěi le wǒmen hěn dà de

帮助，特别是我。我的语法不太好，她用业余时间
bāngzhù, tèbié shì wǒ. Wǒ de yǔfǎ bú tài hǎo, tā yòng yèyú shíjiān

给★我辅导，这次考试我的语法考得最好，我要
gěi wǒ fǔdǎo, zhè cì kǎoshì wǒ de yǔfǎ kǎo de zuì hǎo, wǒ yào

好好儿谢谢她。我打算明年请小英到韩国去看看，
hǎohāor xièxie tā. Wǒ dǎsuàn míngnián qǐng Xiǎoyīng dào Hánguó qù kànkan,

我陪她好好儿玩儿玩儿，陪她看看韩国的山山
wǒ péi tā hǎohāor wánr wanr, péi tā kànkan Hánguó de shānshān

水水和名胜古迹。
shuǐshuǐ hé míngshèng gǔjì.

我和贤秀订的是星期六的机票，我们订的是
Wǒ hé Xiánxiù dìng de shì xīngqīliù de jīpiào, wǒmen dìng de shì

往返机票。下学期我们还要来北京，我们还要来
wǎngfǎn jīpiào. Xià xuéqī wǒmen hái yào lái Běijīng, wǒmen hái yào lái

学习。
xuéxí.

■ 동사 '给'의 목적어의 속성

'给'는 '给 + 간접목적어 + 직접목적어'의 형태로 쓰여서 '~에게 ~을 주다'라는 뜻을 나타낸다. 목적어를 좀 더 구체적으로 살펴보면, 간접목적어에는 '사람(주로 인칭대명사)'이 오며, 직접목적어에는 눈으로 확인 가능한 구체적인 '사물'은 물론이고, 눈으로 볼 수 없는 '추상적인 개념'이 올 수도 있다.

- 妈妈给我零用钱。
  Māma gěi wǒ língyòngqián.
  엄마가 저에게 용돈을 주세요.

- 女朋友的一句话给了我勇气。
  Nǚ péngyou de yí jù huà gěi le wǒ yǒngqì.
  여자친구의 한 마디가 저에게 용기를 주었어요.

내용 Check!

1 学期结束以后，金多情和李贤秀打算去哪儿？

2 金多情刚来中国的时候，汉语说得怎么样？

3 新年的时候，金多情和李贤秀去了哪些地方？

4 没有课的时候，他们都做些什么？

5 金多情认为林小英是什么样的人？

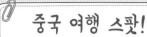
중국 여행 스팟!

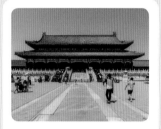

北京
Běijīng
베이징

上海
Shànghǎi
상하이

西安
Xī'ān
시안

苏州
Sūzhōu
쑤저우

杭州
Hángzhōu
항저우

张家界
Zhāngjiājiè
장쟈졔

昆明
Kūnmíng
쿤밍

青岛
Qīngdǎo
칭다오

哈尔滨
Hā'ěrbīn
하얼빈

09 你有什么安排?
당신은 무슨 계획이 있나요?

 학습내용

- '什么'의 특수 용법(3)
- 추측의 '可能'
- 부사 '还是'의 비교 용법
- 진행을 나타내는 '正在+동사'
- '原来'의 두 가지 의미

단어 🎧 09-01

安排 ānpái 몡 안배, 계획 통 안배하다	利用 lìyòng 통 이용하다
考虑 kǎolǜ 통 고려하다	重要 zhòngyào 톙 중요하다
可能 kěnéng 뷔 아마도 ~일 것이다	无聊 wúliáo 톙 지루하다, 따분하다
放假 fàng jià 통 방학하다	独特 dútè 톙 독특하다, 특수하다
联系 liánxì 통 연락하다	段 duàn 먕 사물·시간의 한 구분을 나타냄
打工 dǎ gōng 통 일하다, 아르바이트하다	经济 jīngjì 몡 경제
困难 kùnnan 톙 곤란하다 몡 곤란	毕业 bì yè 통 졸업하다
以前 yǐqián 몡 이전, 과거	试 shì 통 시험하다, 시도하다
积累 jīlěi 통 쌓이다, 축적되다	经验 jīngyàn 몡 경험
原来 yuánlái 뷔 알고 보니, 원래	工具 gōngjù 몡 수단, 도구
开会 kāi huì 통 회의를 하다	容易 róngyì 톙 쉽다

고유 명사

西藏 Xīzàng 지명 티베트

🎧 09-02

金多情　贤秀，考试结束了，你有什么❶安排？
　　　　Xiánxiù, kǎoshì jiéshù le, nǐ yǒu shénme ānpái?

李贤秀　我打算利用这个假期到西藏看看，你呢？
　　　　Wǒ dǎsuàn lìyòng zhè ge jiàqī dào Xīzàng kànkan, nǐ ne?

金多情　我还在考虑，是不是要回国。
　　　　Wǒ hái zài kǎolǜ, shì bu shì yào huí guó.

李贤秀　你回国有什么重要的事吗？
　　　　Nǐ huí guó yǒu shénme zhòngyào de shì ma?

金多情　没有什么重要的事，
　　　　Méiyǒu shénme zhòngyào de shì,

　　　　只是觉得在这儿也没什么事，可能❷比较无聊。
　　　　zhǐshì juéde zài zhèr yě méi shénme shì, kěnéng bǐjiào wúliáo.

李贤秀　我想你还是❸别回去了，跟我一起去西藏吧，
　　　　Wǒ xiǎng nǐ háishi bié huíqù le, gēn wǒ yìqǐ qù Xīzàng ba,

　　　　听说那儿特别美！
　　　　tīngshuō nàr tèbié měi!

🎧 09-03

林小英　就要放假了，你们有什么打算呢？
Jiùyào fàng jià le, nǐmen yǒu shénme dǎsuàn ne?

金多情　昨天我跟李贤秀也在商量这件事，
Zuótiān wǒ gēn Lǐ Xiánxiù yě zài shāngliang zhè jiàn shì,

我们打算去西藏玩儿玩儿。
wǒmen dǎsuàn qù Xīzàng wánr wanr.

林小英　西藏是个好地方，风景很独特，应该去。
Xīzàng shì ge hǎo dìfang, fēngjǐng hěn dútè, yīnggāi qù.

你们怎么去？
Nǐmen zěnme qù?

金多情　坐飞机去。你呢？你假期有什么安排吗？
Zuò fēijī qù. Nǐ ne? Nǐ jiàqī yǒu shénme ānpái ma?

林小英　我正在⁴联系几家公司，想去公司打一段时间的工。
Wǒ zhèngzài liánxì jǐ jiā gōngsī, xiǎng qù gōngsī dǎ yí duàn shíjiān de gōng.

金多情　怎么，你经济上有困难吗？
Zěnme, nǐ jīngjì shang yǒu kùnnan ma?

林小英　没有！我只是想在毕业以前，先去公司试试，
Méiyǒu! Wǒ zhǐshì xiǎng zài bì yè yǐqián, xiān qù gōngsī shìshi,

积累一些经验。
jīlěi yìxiē jīngyàn.

金多情　哦，原来⁵是这样！
Ò, yuánlái shì zhèyàng!

09-04

学习结束以后， 我和多情打算去西藏旅行，因为
Xuéxí jiéshù yǐhòu, wǒ hé Duōqíng dǎsuàn qù Xīzàng lǚxíng, yīnwèi

我们听说西藏的风景很独特。我们想坐飞机去，
wǒmen tīngshuō Xīzàng de fēngjǐng hěn dútè. Wǒmen xiǎng zuò fēijī qù,

因为别的交通工具都不太方便。我们的朋友小英
yīnwèi biéde jiāotōng gōngjù dōu bú tài fāngbiàn. Wǒmen de péngyou Xiǎoyīng

打算去公司打工，这样她可以积累一些工作经验，
dǎsuàn qù gōngsī dǎ gōng, zhèyàng tā kěyǐ jīlěi yìxiē gōngzuò jīngyàn,

以后找工作可能更容易一些。
yǐhòu zhǎo gōngzuò kěnéng gèng róngyì yìxiē.

문법 해설

1 '什么'의 특수 용법(3)

'什么'가 정확하게 꼬집어 말하기 힘든 어떤 물건이나 사람을 지칭할 때는 의문사가 아니라 대명사로 취급한다. 따라서 '什么'가 포함되어 있더라도 의문문이 아니라 평서문이 된다. 만약 이런 '什么'가 포함된 문장을 의문문으로 만들기 위해서는, 의문을 나타내는 성분이 별도로 필요하게 된다.

- **我们去吃点儿什么。** 우리 뭘 좀 먹으러 가요.
  Wǒmen qù chī diǎnr shénme.

- **你要买什么吗?** 당신 뭔가를 살 건가요?
  Nǐ yào mǎi shénme ma?

- **你要买什么?** 당신 무엇을 살 건가요?
  Nǐ yào mǎi shénme?

명사나 대명사가 다른 명사를 수식할 경우, 일반적으로 둘 사이에 구조조사 '的'가 필요하지만, 의문사 '什么'가 명사를 수식할 경우에는 '的'를 붙이지 않는 것이 원칙이다.

- **他做什么工作?** 그는 무슨 일을 하나요?
  Tā zuò shénme gōngzuò?

- **昨天你买了什么东西?** 어제 당신은 무엇을 샀나요?
  Zuótiān nǐ mǎi le shénme dōngxi?

문법 해설

2 추측의 '可能'

'可能'이 부사로 쓰일 경우에는, '아마도 ～일 것이다'라는 추측의 의미를 나타낸다.

- 明天可能要下雪。 　내일은 아마 눈이 올 것 같아요.
  Míngtiān kěnéng yào xià xuě.

- 很可能她已经不在教室了。 　아마 그녀는 벌써 교실에 없을 거예요.
  Hěn kěnéng tā yǐjīng bú zài jiàoshì le.

3 부사 '还是'의 비교 용법

'还是'는 몇 가지 선택지를 앞에 두고 비교하거나 심사숙고한 결과, 좀 더 나은 쪽을 결정할 때 쓰는 표현으로, '(역시) ～하는 편이 좋겠다'라는 뜻을 나타낸다. 주로 동사의 앞에 오지만, 주어의 앞에 올 수도 있다.

- 太晚了，还是明天做吧。 　너무 늦었어요. 아무래도 내일 하는 게 좋겠어요.
  Tài wǎn le, háishi míngtiān zuò ba.

- 昨天我去了你家，今天还是你来我家吧。
  Zuótiān wǒ qù le nǐ jiā, jīntiān háishi nǐ lái wǒ jiā ba.
  어제는 내가 너희 집에 갔으니까, 오늘은 네가 우리 집에 오는 게 좋겠어.

4 진행을 나타내는 '正在+동사'

'正在'는 동사의 앞에서 동사의 동작이 '진행되고 있다' 혹은 '지속되고 있다'는 뜻을 나타낼 수 있다. 좀 더 상세하게 분석하면, '正'은 시간, '在'는 상태 표시에 중점이 있기 때문에 함께 쓰이면 '진행'과 '지속'을 둘 다 표현할 수 있게 된다.

- 现在正在开会。　지금 회의를 하고 있어요.
  Xiànzài zhèngzài kāi huì.

- 我正在准备考试。　저는 시험을 준비하고 있어요.
  Wǒ zhèngzài zhǔnbèi kǎoshì.

5 '原来'의 두 가지 의미

'原来'는 우리말과 중국어에 동시에 존재하는 한자 어휘라서 아무 생각 없이 '원래(原來)'라고 해석해 버리기 쉽다. 중국어에서는 문장의 첫머리에 올 경우, 예상치 못한 어떤 사실을 깨닫고 '아하!', '알고 보니 그랬구나!'라는 느낌을 나타내고, 주어의 뒤에 올 경우에만 '원래'라는 뜻을 가진다.

- 我觉得家里很冷，原来窗户开着呢。
  Wǒ juéde jiāli hěn lěng, yuánlái chuānghu kāizhe ne.
  집이 춥다했더니 창문이 열려 있었네요.

- 原来是你呀！　아하, 당신이었군요!
  Yuánlái shì nǐ ya!

- 我家原来有五口人。　우리 집은 원래 다섯 식구였어요.
  Wǒ jiā yuánlái yǒu wǔ kǒu rén.

문형 연습

☐ , ☐ 呢?　～해요. ～는요?

…, … ne?

09-05

예 **我打算利用这个假期到西藏看看，你呢?**

Wǒ dǎsuàn lìyòng zhè ge jiàqī dào Xīzàng kànkan, nǐ ne?

저는 이번 휴가를 이용해서 티베트에 한번 가 볼 계획이에요. 당신은요?

我去商店
Wǒ qù shāngdiàn

上海下雨
Shànghǎi xià yǔ

原来你在这儿
Yuánlái nǐ zài zhèr

你
nǐ

北京
Běijīng

小英
Xiǎoyīng

---

2 **我** 동사1(+목적어) 동사2(+목적어) 。

Wǒ …… ….

09-06

저는 ～을 하고 ～해요. ['동사1'은 '동사2'를 하기 위한 수단이나 방법을 나타냄]

예 **我坐飞机去。**　저는 비행기를 타고 가요.

Wǒ zuò fēijī qù.

开车
kāi chē

用电脑
yòng diànnǎo

打的
dǎ dī

上班
shàng bān

工作
gōngzuò

去机场
qù jīchǎng

10 我们去不了西藏了。

우리는 티베트에 못 가게 되어 버렸어요.

학습내용

- 방향보어 '来'의 파생 용법
- 가능보어 '동사+得了 / 不了'의 용법(1)
- 병렬복문 '不是A, 而是B'
- 가정복문 '如果A, 就B'
- '来着'의 용법
- '打折'의 용법

단어 10-01

看来 kànlái 부 보기에, 보아하니	正好 zhènghǎo 부 마침
旅游 lǚyóu 동 여행하다	谈 tán 동 이야기하다
生意 shēngyi 명 장사, 비즈니스	参观 cānguān 동 참관하다, 견학하다
如果 rúguǒ 접 만약	反正 fǎnzhèng 부 어쨌든
推荐 tuījiàn 동 추천하다	商场 shāngchǎng 명 상가, 백화점
呗 bei 어기 ~할 따름이다	质量 zhìliàng 명 품질
…来着 …láizhe 조 ~이었다	物美价廉 wùměi jiàlián 물건도 좋고 값도 싸다
搞 gǎo 동 하다, 조직하다	促销 cùxiāo 동 판매를 촉진시키다
活动 huódòng 명 활동 동 움직이다	商品 shāngpǐn 명 상품
打折 dǎ zhé 동 할인하다	大部分 dàbùfen 명 대부분
讲价 jiǎng jià 동 값을 흥정하다	最近 zuìjìn 명 최근
军人 jūnrén 명 군인	意见 yìjiàn 명 의견
动物园 dòngwùyuán 명 동물원	文具店 wénjùdiàn 명 문구점

🎧 10-02

李贤秀　多情，对不起。看来❶，我们去不了❷西藏了。
　　　　Duōqíng, duìbuqǐ. Kànlái, wǒmen qùbuliǎo Xīzàng le.

金多情　怎么了？
　　　　Zěnme le?

李贤秀　过两天我爸爸和妈妈要来北京。
　　　　Guò liǎngtiān wǒ bàba hé māma yào lái Běijīng.

金多情　没关系，正好我也没想好要不要去。
　　　　Méi guānxi, zhènghǎo wǒ yě méi xiǎnghǎo yào bu yào qù.

　　　　他们来北京旅游吗？
　　　　Tāmen lái Běijīng lǚyóu ma?

李贤秀　他们不是来旅游的，而是❸来谈生意的。
　　　　Tāmen búshì lái lǚyóu de, érshì lái tán shēngyi de.

金多情　他们以前来过中国吗？
　　　　Tāmen yǐqián láiguo Zhōngguó ma?

李贤秀　来过，但是没来过北京。
　　　　Láiguo, dànshì méi láiguo Běijīng.

金多情　那你应该陪他们参观一下儿北京的名胜古迹。
　　　　Nà nǐ yīnggāi péi tāmen cānguān yíxiàr Běijīng de míngshèng gǔjì.

李贤秀　如果有时间，我就❹带他们去参观一下儿，
　　　　Rúguǒ yǒu shíjiān, wǒ jiù dài tāmen qù cānguān yíxiàr,

　　　　反正北京的很多地方我还没去过呢。
　　　　fǎnzhèng Běijīng de hěn duō dìfang wǒ hái méi qùguo ne.

🎧 10-03

金多情　下午你们去哪儿了?
Xiàwǔ nǐmen qù nǎr le?

李贤秀　就是你推荐我们去的那家商场呗。
Jiùshì nǐ tuījiàn wǒmen qù de nà jiā shāngchǎng bei.

金多情　怎么样?
Zěnmeyàng?

李贤秀　东西很便宜, 质量也很好。
Dōngxi hěn piányi, zhìliàng yě hěn hǎo.

金多情　我说什么来着⁵? 物美价廉吧?
Wǒ shuō shénme láizhe? Wùměi jiàlián ba?

李贤秀　现在正在搞促销活动,
Xiànzài zhèngzài gǎo cùxiāo huódòng,

很多商品可以打折⁶。
hěn duō shāngpǐn kěyǐ dǎ zhé.

金多情　打几折⁶?
Dǎ jǐ zhé?

李贤秀　不一样, 有的三折、四折, 大部分是五折。
Bù yíyàng, yǒude sān zhé、sì zhé, dàbùfen shì wǔ zhé.

金多情　你们有没有讲价?
Nǐmen yǒu méiyǒu jiǎng jià?

李贤秀　已经很便宜了, 还能讲价吗?
Yǐjīng hěn piányi le, hái néng jiǎng jià ma?

金多情　当然了。
Dāngrán le.

贤秀的爸爸打来电话说，他们要来北京谈生意，
Xiánxiù de bàba dǎlái diànhuà shuō, tāmen yào lái Běijīng tán shēngyi,

贤秀要陪他们，所以去不了②西藏了。在北京贤秀还有
Xiánxiù yào péi tāmen, suǒyǐ qùbuliǎo Xīzàng le. Zài Běijīng Xiánxiù hái yǒu

很多地方没去过，所以他打算如果有时间，就和爸爸、
hěn duō dìfang méi qùguo, suǒyǐ tā dǎsuàn rúguǒ yǒu shíjiān, jiù hé bàba、

妈妈一起去参观一下儿名胜古迹。他们还想去商场
māma yìqǐ qù cānguān yíxiàr míngshèng gǔjì. Tāmen hái xiǎng qù shāngchǎng

买些东西。听说最近商店在搞促销活动，有很多
mǎi xiē dōngxi. Tīngshuō zuìjìn shāngdiàn zài gǎo cùxiāo huódòng, yǒu hěn duō

打折⑥的商品，物美价廉，还能讲价。
dǎ zhé de shāngpǐn, wùměi jiàlián, hái néng jiǎng jià.

문법 해설

1 방향보어 '来'의 파생 용법

방향보어 '来'가 '看 kàn', '说 shuō', '听 tīng' 등의 동사와 결합하면 구체적인 방향을 지칭하지 않고, 동사의 의미에 '추측'의 느낌이 추가된다. 때문에 본문의 '看来'는 동작의 방향을 지칭하기보다 문장의 첫머리나 주어의 뒤에서 화자의 주관적인 생각이나 판단을 나타내어 '보아하니'라는 뜻을 나타낸다.

- 那个军人看来年纪不大。
  Nà ge jūnrén kànlái niánjì bú dà.
  저 군인은 보아하니 나이가 많지 않은 것 같아요.

- 看来她还没有自己的意见。
  Kànlái tā hái méiyǒu zìjǐ de yìjiàn.
  보아하니, 그녀는 아직 자신의 의견이 없는 것 같아요.

2 가능보어 '동사+得了/不了'의 용법(1)

'동사+得了/不了'는 객관적 혹은 주관적인 조건으로 인해 동사의 동작을 끝까지 수행하는 행위가 '가능하다' 혹은 '가능하지 않다'라는 뜻을 나타낸다. '동사+得了'가 의문문에 쓰일 때는 대부분 부정적인 문맥으로 파악하면 된다.

- 这菜太辣了，你吃得了吗?
  Zhè cài tài là le, nǐ chīdeliǎo ma?
  이 음식은 너무 매운데, 당신 먹을 수 있어요?

- 今天下雨，我们去不了动物园了。
  Jīntiān xià yǔ, wǒmen qùbuliǎo dòngwùyuán le.
  오늘 비가 내려서 우리는 동물원에 갈 수 없게 되었어요.

- 下午我有事儿，来不了。
  Xiàwǔ wǒ yǒu shìr, láibuliǎo.
  저는 오후에 볼일이 있어서 올 수가 없어요.

문법 해설

3 병렬복문 '不是 A, 而是 B'

몇 개의 구를 병렬적으로 나열하여 나타내는 복문을 '병렬복문'이라고 한다. '不是 A, 而是 B' 구문에서는 'A'와 'B'를 대비시켜서 'A'를 부정하고 'B'를 긍정한다. 따라서 실제로 이야기의 중점은 'B'에 있다.

- 我不是去超市，而是去文具店。
  Wǒ búshì qù chāoshì, érshì qù wénjùdiàn.
  저는 슈퍼에 가는 것이 아니라 문구점에 가요.

- 昨天你看到的不是我，而是我弟弟。
  Zuótiān nǐ kàndào de búshì wǒ, érshì wǒ dìdi.
  어제 당신이 본 건 제가 아니라 제 남동생이에요.

4 가정복문 '如果 A, 就 B'

'如果 A, 就 B'는 'A'라는 가정조건 아래에서, 'B'라는 결과가 '자연스럽게' 발생한다는 뜻을 나타내는 '가정복문'이다. '자연스럽게'라는 느낌이 없을 경우에는 '就'를 쓰지 않을 수도 있다. 또한, '如果'는 기본적으로 '要是'(신 보보고 중국어 초급 13과 참고)와 쓰임새가 거의 같지만, 주로 구어체에 쓰이는 '要是'와 달리 '如果'는 구어체와 문어체를 가리지 않고 쓸 수 있다는 점에서 구분된다.

- 如果天气不好，我不想去。
  Rúguǒ tiānqì bù hǎo, wǒ bù xiǎng qù.
  만약 날씨가 좋지 않다면, 저는 가고 싶지 않아요.

- 如果你们已经知道了，我就不说了。
  Rúguǒ nǐmen yǐjīng zhīdào le, wǒ jiù bù shuō le.
  만약 여러분이 이미 알고 있다면, 저는 말하지 않을게요.

5 '来着'의 용법

의문문의 마지막에 자리하여 앞에서 언급된 내용이 과거의 어떤 시점에 있었던 일임을 돌이켜 보는 듯한 느낌을 나타낸다. 주로 구어체에서 쓰이며, '来着'가 들어가는 문장에 조사 '了 le'나 '过 guo'는 함께 쓰이지 않는다.

- **你刚才说什么来着?** 너 방금 뭐라고 말했더라?
  Nǐ gāngcái shuō shénme láizhe?

- **你的大学在哪儿来着?** 너희 대학이 어디에 있더라?
  Nǐ de dàxué zài nǎr láizhe?

- **她刚才还在这儿来着?** 그녀는 조금 전까지 여기 있었는데?
  Tā gāngcái hái zài zhèr láizhe?

6 '打折'의 용법

중국에서는 몇 퍼센트 할인한다는 표현을 '숫자＋折'로 나타낸다. 다만, '九折 jiǔ zhé'는 '10%' 할인, '八折 bā zhé'는 '20%' 할인을 나타내는 점에 주의해야 한다. 즉, 중국의 상점에서 만약 직원이 '打八折 dǎ bā zhé'라고 말했다면, 손님에게 원래 물건값의 '80%'를 받겠다는 뜻이다. 만약 15% 할인이라면, '八五折 bā wǔ zhé'와 같이 나타낸다.

- **一百块的东西，我可以给你打九折。**
  Yìbǎi kuài de dōngxi, wǒ kěyǐ gěi nǐ dǎ jiǔ zhé.
  백 위안짜리인데, 제가 10% 할인해 드릴 수 있습니다.

문형 연습

1 ___, 주어 + 동사 + **不了了**。 ~해서 ~은 ~할 수 없었어요. 🎧

…, … …buliǎo le.

10-05

예 **没有时间，我们去不了了。** 시간이 없어서 우리는 갈 수 없었어요.

Méiyǒu shíjiān, wǒmen qùbuliǎo le.

腿摔伤了 Tuǐ shuāishāng le	我 wǒ	走 zǒu
太饱了 Tài bǎo le	他 tā	吃 chī
天气很好 Tiānqì hěn hǎo	雨 yǔ	下 xià

2 ___ **不是** ___，**而是** ___。 ~은 ~가 아니라 ~예요. 🎧

… búshì …, érshì ….

10-06

예 **他们不是来旅游的，而是来谈生意的。**

Tāmen búshì lái lǚyóu de, érshì lái tán shēngyi de.

그들은 여행 온 것이 아니라, 사업차 온 거예요.

他 Tā	学生 xuésheng	老师 lǎoshī
这 Zhè	英文书 Yīngwén shū	中文书 Zhōngwén shū
她 Tā	我女朋友 wǒ nǚ péngyou	我妹妹 wǒ mèimei

11

你想做什么
就可以做什么。

당신이 하고 싶은 건 뭐든지 다 할 수 있어요.

 학습내용

- '一点儿＋也／都＋부정문'의 용법
- '진행'과 '지속'을 나타내는 '着'
- '不怎么'의 부정 완화 용법
- 명사의 중첩

- 가능보어 '동사＋得了／不了'의 용법(2)
- 의문사 '什么'의 강조 용법
- 의문사의 '임의지시' 용법

단어 🎧 11-01

爱好 àihào 명 취미 통 즐겨하다	主要 zhǔyào 형 주요하다
网络 wǎngluò 명 인터넷, 네트워크	新闻 xīnwén 명 뉴스, 새 소식
收发 shōufā 명통 수신 및 발신(하다)	邮件 yóujiàn 명 우편물
各 gè 대 갖가지, 여러	种 zhǒng 양 종류
体育 tǐyù 명 체육	新 xīn 형 새롭다
猜 cāi 통 추측하다	画 huà 통 그리다 명 그림
挂 guà 통 걸다	幅 fú 양 폭 [그림 등을 세는 양사]
感 gǎn 통 느끼다	兴趣 xìngqù 명 흥미
受不了 shòubuliǎo 참을 수 없다	放松 fàngsōng 통 풀어주다, 긴장을 풀다
院子 yuànzi 명 뜰, 정원	种 zhòng 통 심다
高中 gāozhōng 명 고등학교	回忆 huíyì 명 추억 통 회상하다
黑板 hēibǎn 명 칠판	

金多情　小英，你很喜欢上网吗？
　　　　Xiǎoyīng, nǐ hěn xǐhuan shàng wǎng ma?

林小英　是啊，我最大的爱好就是上网，
　　　　Shì a, wǒ zuì dà de àihào jiùshì shàng wǎng,

　　　　差不多每天要上两个小时网。
　　　　chàbuduō měitiān yào shàng liǎng ge xiǎoshí wǎng.

金多情　是吗？那你上网做什么呢？
　　　　Shì ma? Nà nǐ shàng wǎng zuò shénme ne?

林小英　我主要利用网络看新闻、聊天儿、
　　　　Wǒ zhǔyào lìyòng wǎngluò kàn xīnwén、liáotiānr、

　　　　打游戏什么的，你呢？
　　　　dǎ yóuxì shénmede, nǐ ne?

金多情　我很少上网，上网也只是收发邮件。
　　　　Wǒ hěn shǎo shàng wǎng, shàng wǎng yě zhǐshì shōufā yóujiàn.

林小英　那你有什么爱好呢？
　　　　Nà nǐ yǒu shénme àihào ne?

金多情　我的爱好很多，以前最喜欢各种体育活动。
　　　　Wǒ de àihào hěn duō, yǐqián zuì xǐhuan gè zhǒng tǐyù huódòng.

　　　　来中国以后，我又有了一个新的爱好。
　　　　Lái Zhōngguó yǐhòu, wǒ yòu yǒu le yí ge xīn de àihào.

林小英　我猜猜吧。……是画中国画，对吗？
　　　　Wǒ cāicai ba. …… Shì huà Zhōngguó huà, duì ma?

金多情　谁说的？我一点儿也不❶喜欢画画。
Shéi shuō de? Wǒ yìdiǎnr yě bù xǐhuan huà huà.

林小英　你的房间里不是挂着❷一幅中国画吗？
Nǐ de fángjiān li bú shì guàzhe yì fú Zhōngguó huà ma?

金多情　啊！那是贤秀画的，他对中国画非常感兴趣，
Ā! Nà shì Xiánxiù huà de, tā duì Zhōngguó huà fēicháng gǎn xìngqù,

可我喜欢看电影。
kě wǒ xǐhuan kàn diànyǐng.

林小英　那周末我们一起看电影吧？把贤秀也叫上。
Nà zhōumò wǒmen yìqǐ kàn diànyǐng ba? Bǎ Xiánxiù yě jiào shang.

11-03

金多情　贤秀，周末我们一起看电影怎么样？小英也去。
Xiánxiù, zhōumò wǒmen yìqǐ kàn diànyǐng zěnmeyàng? Xiǎoyīng yě qù.

李贤秀　这个周末，我不怎么❸想看电影。
Zhè ge zhōumò, wǒ bù zěnme xiǎng kàn diànyǐng.

金多情　那你周末打算干什么？
Nà nǐ zhōumò dǎsuàn gàn shénme?

李贤秀　我跟几个朋友约好了，周末一起喝酒，
Wǒ gēn jǐ ge péngyou yuēhǎo le, zhōumò yìqǐ hē jiǔ,

你也一起去吧！
nǐ yě yìqǐ qù ba!

金多情　不去！最近天天❹跟你喝酒，我已经受不了❺了。
Bú qù! Zuìjìn tiāntiān gēn nǐ hē jiǔ, wǒ yǐjīng shòubuliǎo le.

李贤秀　考试不是结束了吗？我们应该放松一下儿。
Kǎoshì bú shì jiéshù le ma? Wǒmen yīnggāi fàngsōng yíxiàr.

金多情　那你去放松吧，我还是跟小英一起看电影。
Nà nǐ qù fàngsōng ba, wǒ háishi gēn Xiǎoyīng yìqǐ kàn diànyǐng.

李贤秀　那好吧，下次我们一起去吧。
Nà hǎo ba, xià cì wǒmen yìqǐ qù ba.

每个人都有自己的爱好，小英最大的爱好就是上网，
Měi ge rén dōu yǒu zìjǐ de àihào, Xiǎoyīng zuì dà de àihào jiùshì shàng wǎng,

每天要上好几个小时网，她觉得在网上想做什么
měitiān yào shàng hǎo jǐ ge xiǎoshí wǎng, tā juéde zài wǎng shang xiǎng zuò shénme

就可以做什么[7]，非常方便；贤秀不但喜欢画中国画，
jiù kěyǐ zuò shénme, fēicháng fāngbiàn; Xiánxiù búdàn xǐhuan huà Zhōngguó huà,

而且画得还不错，他的宿舍里挂着[2]一幅他自己画的
érqiě huà de hái búcuò, tā de sùshè li guàzhe yì fú tā zìjǐ huà de

中国画；我喜欢看电影，这是到中国以后才有的一个
Zhōngguó huà; wǒ xǐhuan kàn diànyǐng, zhè shì dào Zhōngguó yǐhòu cái yǒu de yí ge

爱好。
àihào.

문법 해설

1 '一点儿 + 也 / 都 + 부정문'의 용법

'一点儿 + 也 / 都 + 부정문'의 어순으로 '조금도 ~하지 않다'라는 강조의 뜻을 나타낸다. 이 때 '一点儿'의 '一'는 절대로 생략할 수 없다.

- 我一点儿也不累。　저는 조금도 힘들지 않아요.
  Wǒ yìdiǎnr yě bú lèi.

- 我一点儿都不想去学校。　저는 조금도 학교에 가고 싶지가 않아요.
  Wǒ yìdiǎnr dōu bù xiǎng qù xuéxiào.

- 她说的话，我一点儿也不懂。　그녀가 하는 말은 조금도 이해하지 못하겠어요.
  Tā shuō de huà, wǒ yìdiǎnr yě bù dǒng.

2 '진행'과 '지속'을 나타내는 '着'

동사의 진행형은 동작성이 있는 경우를 '진행', 동작성이 느껴지지 않는 경우를 '지속'이라고 하여 의미적으로 서로 구분할 수 있지만, 중국어는 문법적으로 진행과 지속의 경계가 모호하다. 그렇기 때문에 '着' 역시 경우에 따라서 동작의 '진행'과 '지속'을 모두 나타낼 수 있다.

'着'가 '진행'을 나타낼 때는 '正在 + 동사 + 着…呢' 어순을 취하는 경향이 있다. 이 때 '正'과 '在'는 둘 중 하나만 있어도 된다.

- 雨正在下着呢。　비가 한창 내리고 있어요.
  Yǔ zhèngzài xiàzhe ne.

- 他们正吃着饭呢。　그들은 밥을 먹고 있어요.
  Tāmen zhèng chīzhe fàn ne.

'着'가 '지속'을 나타낼 때는 '동사 + 着…(呢)'의 어순을 취하는 경향이 있다.

- 门开着呢。　문이 열려 있어요.
  Mén kāizhe ne.

- 院子里种着很多花。　뜰에는 많은 꽃이 심어져 있어요.
  Yuànzi li zhòngzhe hěn duō huā.

3 '不怎么'의 부정 완화 용법

'怎么'가 부정사 '不'와 결합하면 부정의 뉘앙스를 상당 부분 완화시켜서 '크게 ~한 것은 아니다', '그렇게 ~하지는 않다'는 뜻을 나타낸다. 따라서 '不怎么'의 뒤에는 형용사구나 동사구와 같이 부정할 수 있는 성분이 와야 한다.

- 我家不怎么大。　우리 집은 그다지 크지 않아요.
  Wǒ jiā bù zěnme dà.

- 我学过汉语，但是不怎么会说。
  Wǒ xuéguo Hànyǔ, dànshì bù zěnme huì shuō.
  저는 중국어를 배운 적이 있지만, 그렇게 잘할 수 있는 것은 아니에요.

4 명사의 중첩

명사를 중첩시키면, 양사를 중첩시켰을 때와 마찬가지로, 어떠한 다른 예외도 없음을 나타내게 된다. 부사 '都 dōu'도 자주 함께 쓰인다는 점에서 양사의 중첩과 비슷하기는 하지만, 명사의 중첩은 중첩 가능한 명사가 '人 rén', '家 jiā', '天 tiān', '年 nián' 등 양사적 성격을 가진 일부 단어에 국한된다.

- 人人都喜欢王老师。　사람들마다 모두 왕 선생님을 좋아해요.
  Rénrén dōu xǐhuan Wáng lǎoshī.

- 你天天都在做什么？　당신은 날이면 날마다 무엇을 하고 있는 건가요?
  Nǐ tiāntiān dōu zài zuò shénme?

5 가능보어 '동사 + 得了 / 不了'의 용법(2)

가능보어 '동사 + 得了/不了'는 10과에서 배운 용법 외에 동사의 뒤에서 동사의 동작을 양적으로 완결시킬 수 있거나 없음을 나타내는 용법이 있다. 이러한 용법으로 쓰인 경우, '동사 + 得了/不了'를 포함하는 중국어 표현 속에 '양'에 관한 구체적인 언급이 없다고 하더라도 그러한 뉘앙스까지 감안하여 생각할 필요가 있다.

- 这些菜，我吃不了。
  Zhèxiē cài, wǒ chībuliǎo.
  이 요리들은 (많아서) 다 먹을 수가 없어요.

- 高中时代的那么多回忆，你都忘得了吗?
  Gāozhōng shídài de nàme duō huíyì, nǐ dōu wàngdeliǎo ma?
  고교시절의 그 많은 추억들을 너는 다 잊을 수 있니?

6 의문사 '什么'의 강조 용법

'什么'는 '都 dōu' 혹은 '也 yě'와 결합하여 특정한 범위 내에서 어떠한 예외도 없음을 나타내어 '무엇이든지 전부(모두)'라는 뜻을 강조한다.

- 他什么都不懂。 그는 아무 것도 몰라요.
  Tā shénme dōu bù dǒng.

- 我问了几次，但是她什么也不说。
  Wǒ wèn le jǐ cì, dànshì tā shénme yě bù shuō.
  내가 여러 번 물었지만, 그녀는 아무런 말도 하지 않았어요.

이러한 용법의 '什么'는 다른 명사를 수식할 수도 있다.

- 汉语，什么人都可以学习。 중국어는 누구든지 다 배울 수 있어요.
  Hànyǔ, shénme rén dōu kěyǐ xuéxí.

100

7 의문사의 '임의지시' 용법

의문사의 '임의지시' 용법이란 한 문장의 앞뒤에 동일한 두 개의 의문사를 배치하여 두 개의 의문사가 결국 같은 사람, 사물, 방법, 장소 등을 지칭함을 보여주는 용법이다. 이러한 경우, 뒤에 배치된 의문사가 구체적으로 무엇을 지칭하게 될 것인지는 앞쪽에 있는 의문사에 의해 결정된다.

- 有什么就吃什么。
  Yǒu shénme jiù chī shénme.
  무엇인가 있다면 바로 그 무엇인가를 먹을게요. (= 뭐든지 있는 대로 먹을게요.)

- 谁知道谁回答。
  Shéi zhīdào shéi huídá.
  누군가 안다면 그 누군가가 대답해요. (= 아는 사람이 있으면 대답하세요.)

- 你想去哪儿就去哪儿。
  Nǐ xiǎng qù nǎr jiù qù nǎr.
  당신이 어딘가로 가고 싶다면 그 어딘가로 가요. (= 당신이 가고 싶은 곳으로 가요.)

문형 연습

11-05

1 ___ 一 ___ 也/都不/没…。 ~은 ~도 ~하지 않아요.

　　… yī … yě/dōu bù/méi ….

예 我一点儿也不喜欢画画。　저는 그림 그리는 것을 조금도 좋아하지 않아요.
　　Wǒ yìdiǎnr yě bù xǐhuan huà huà.

这些汉字 Zhèxiē Hànzì	个 ge	不认识 bú rènshi
这些衣服 Zhèxiē yīfu	件 jiàn	不喜欢 bù xǐhuan
京酱肉丝 Jīngjiàng ròusī	次 cì	没吃过 méi chīguo

11-06

2 주어 + 동사 + 着 + 목적어 。

　　… … zhe ….
　　'주어'에 '목적어'가 '동사'하고 있어요.

예 房间里挂着一幅中国画。　방안에 한 폭의 중국화가 걸려 있어요.
　　Fángjiān li guàzhe yì fú Zhōngguó huà.

门口 Ménkǒu	站 zhàn	一个人 yí ge rén
学校里 Xuéxiào li	停 tíng	一辆车 yí liàng chē
黑板上 Hēibǎn shang	写 xiě	几个字 jǐ ge zì

12

打乒乓球或者打羽毛球都行。

탁구를 치든 배드민턴을 치든 다 괜찮아요.

📖 학습내용

- '一＋양사＋比＋一＋양사'의 용법
- 선택 사항을 제시하는 '或者'
- 접속사 '要不'
- 이중부정을 활용한 강조

- 복합방향보어 '起来'의 파생 용법
- '既A又B' 구문
- PLUS 단어 '취미 활동'
- '11월 11일'은 중국 독신자의 날?

단어 🎧 12-01

乒乓球 pīngpāngqiú 명 탁구	或者 huòzhě 접 혹은, 또는
羽毛球 yǔmáoqiú 명 배드민턴	胖 pàng 형 뚱뚱하다
运动 yùndòng 명 운동 동 운동하다	认为 rènwéi 동 ~라고 여기다
有效 yǒu xiào 동 유효하다, 효과가 있다	方式 fāngshì 명 방식, 방법
要不 yàobù 접 그렇지 않으면	教 jiāo 동 가르치다
中学 zhōngxué 명 중고등학교	冠军 guànjūn 명 챔피언
了不起 liǎobuqǐ 형 대단하다	
一言为定 yìyán wéidìng 성어 한번 한 말(약속)은 지켜야 한다	
看起来 kànqǐlái 보기에, 보아하니	精神 jīngshen 형 활력이 있다
既A又B jì A yòu B 접 ~할 뿐만 아니라 ~하다	
一举两得 yìjǔ liǎngdé 성어 일거양득	至少 zhìshǎo 부 최소한, 적어도
达到 dádào 동 도달하다	目的 mùdì 명 목적
坚持 jiānchí 동 고수하다	吹牛 chuī niú 동 허풍 떨다

🎧 12-02

金多情   贤秀，你看，我是不是<u>一天比一天</u>**❶**胖？
         Xiánxiù, nǐ kàn, wǒ shì bu shì yì tiān bǐ yì tiān pàng?

李贤秀   可不是吗？你应该减肥了，我们去运动运动吧！
         Kě bú shì ma? Nǐ yīnggāi jiǎnféi le, wǒmen qù yùndòng yùndòng ba!

金多情   好哇，打乒乓球<u>或者</u>**❷**打羽毛球都行。
         Hǎo wa, dǎ pīngpāngqiú huòzhě dǎ yǔmáoqiú dōu xíng.

李贤秀   我认为最有效的运动方式是游泳。
         Wǒ rènwéi zuì yǒu xiào de yùndòng fāngshì shì yóuyǒng.

         <u>要不</u>**❸**我们去游泳吧。
         Yàobù wǒmen qù yóuyǒng ba.

金多情   <u>我不是不知道</u>**❹**，可我一点儿也不会呀。
         Wǒ bú shì bù zhīdào, kě wǒ yìdiǎnr yě bú huì ya.

李贤秀   我可以教你呀！中学时我可是校游泳冠军呢。
         Wǒ kěyǐ jiāo nǐ ya! Zhōngxué shí wǒ kě shì xiào yóuyǒng guànjūn ne.

金多情   真了不起，那就一言为定了！
         Zhēn liǎobuqǐ, nà jiù yìyán wéidìng le!

🎧 12-03

林小英　多情，几天没见，你看起来⁵精神多了！
　　　　Duōqíng, jǐ tiān méi jiàn, nǐ kàn qǐlái jīngshén duō le!

金多情　是吗？现在我正和贤秀学习游泳，很有意思。
　　　　Shì ma? Xiànzài wǒ zhèng hé Xiánxiù xuéxí yóuyǒng, hěn yǒu yìsi.

　　　　游泳既可以锻炼身体又⁶可以减肥，
　　　　Yóuyǒng jì kěyǐ duànliàn shēntǐ yòu kěyǐ jiǎnféi,

　　　　真是一举两得呀。
　　　　zhēnshì yìjǔ liǎngdé ya.

林小英　听说，每星期至少游三次泳才能达到锻炼的
　　　　Tīngshuō, měi xīngqī zhìshǎo yóu sān cì yǒng cái néng dádào duànliàn de

　　　　目的。那你可要坚持啊。什么时候我们比一下儿。
　　　　mùdì. Nà nǐ kě yào jiānchí a. Shénme shíhou wǒmen bǐ yíxiàr.

金多情　你也会游泳？
　　　　Nǐ yě huì yóuyǒng?

林小英　游得还不错呢。
　　　　Yóu de hái búcuò ne.

金多情　不是吹牛吧？
　　　　Bú shì chuī niú ba?

🎧 12-04

我非常喜欢运动，各种体育运动，像游泳、
Wǒ fēicháng xǐhuan yùndòng, gè zhǒng tǐyù yùndòng, xiàng yóuyǒng、

打乒乓球什么的，没有我不**6**会的。可是最近学习太忙，
dǎ pīngpāngqiú shénmede, méiyǒu wǒ bú huì de. Kěshì zuìjìn xuéxí tài máng,

很长时间没运动了，我一天比一天**1**胖，大家都说
hěn cháng shíjiān méi yùndòng le, wǒ yì tiān bǐ yì tiān pàng, dàjiā dōu shuō

我应该减肥了。我觉得最有效的方法是游泳，但是
wǒ yīnggāi jiǎnféi le. Wǒ juéde zuì yǒu xiào de fāngfǎ shì yóuyǒng, dànshì

听说每周至少要游三次才能达到锻炼的目的，
tīngshuō měi zhōu zhìshǎo yào yóu sān cì cái néng dádào duànliàn de mùdì,

我现在没有时间，看来得想别的办法了。
wǒ xiànzài méiyǒu shíjiān, kànlái děi xiǎng biéde bànfǎ le.

문법 해설

1 '一 + 양사 + 比 + 一 + 양사'의 용법

'比'를 사이에 두고 양쪽에 동일한 '一 + 양사'를 배치하여 어떤 일의 정도가 점점 더 어떻게 진행되고 있음을 나타낸다. 양사 자리에는 '家 jiā', '天 tiān', '年 nián' 등의 양사 성격을 가진 일부 명사를 넣을 수도 있다.

- 爷爷的身体 一天比一天好。
  Yéye de shēntǐ yì tiān bǐ yì tiān hǎo.
  할아버지의 건강은 하루가 다르게 좋아지고 있어요.

- 我们高中的考试一次比一次难。
  Wǒmen gāozhōng de kǎoshì yí cì bǐ yí cì nán.
  우리 고등학교의 시험은 칠 때마다 어려워져요.

2 선택 사항을 제시하는 '或者'

'或者'는 'A 혹은 B'라는 뜻으로, 평서문에서 두 개 혹은 그 이상의 선택지를 제시할 때 사용하는 접속사이다. 참고로, 선택의문문에서 선택지를 제시할 때는 '还是 háishi'를 사용한다.

- 我们五月或者六月去中国。
  Wǒmen wǔ yuè huòzhě liù yuè qù Zhōngguó.
  우리들은 5월 아니면 6월에 중국에 가요.

- 骑自行车去或者坐地铁去都可以。
  Qí zìxíngchē qù huòzhě zuò dìtiě qù dōu kěyǐ.
  자전거를 타고 가든 지하철을 타고 가든 둘 다 괜찮아요.

- 你喝咖啡还是喝中国茶?
  Nǐ hē kāfēi háishi hē Zhōngguó chá?
  당신 커피 마실래요, 아니면 중국 차를 마실래요?

문법 해설

3 접속사 '要不'

'A 要不 B' 형식으로 쓰여서 'A'에 진술하고 있는 내용이 만약 부정된다면, 'B'라는 결과를 초래하게 된다는 의미를 표현한다.

- **我得先走，要不赶不上九点的火车。**
  Wǒ děi xiān zǒu, yàobù gǎnbushàng jiǔ diǎn de huǒchē.
  저는 먼저 가야만 해요. 그렇지 않으면 9시 기차 시간에 대어가지 못해요.

'A'에 타당하다고 생각하는 제안을 한 다음, 그것이 불가능하게 되었을 때의 최종적인 차선책을 'B'에 제시한다.

- **请他去带来，要不我去拿来。**
  Qǐng tā qù dàilái, yàobù wǒ qù nálái.
  그에게 가져오라고 시키자. 그렇지 않으면 내가 가서 가져 오고.

문맥상 위의 두 경우 중 어느 쪽에 속하는 지 판단하기 애매한 경우도 존재한다.

- **闭嘴，要不我会打你!**
  Bì zuǐ, yàobù wǒ huì dǎ nǐ!
  입 다물어, 그렇지 않으면 널 때려버릴 거야!

4 이중부정을 활용한 강조

하나의 단문에 두 개의 부정사를 사용하면, 이중부정문이 되어 강한 긍정의 의미를 나타낼 수 있다.

- **她不会不来的。(= 他一定会来的。)**
  Tā bú huì bù lái de.
  그녀가 오지 않을 리가 없어요. (= 그녀는 틀림없이 올 거예요.)
- **老师的话没有我不明白的。(= 老师的话我都明白。)**
  Lǎoshī de huà méiyǒu wǒ bù míngbai de.
  선생님 말씀에서 제가 이해하지 못하는 건 없어요. (= 저는 선생님 말씀을 전부 이해해요.)

5 복합방향보어 '起来'의 파생 용법

'起来'가 '看 kàn', '说 shuō', '听 tīng', '做 zuò' 등의 동사와 결합하면 특정한 사항이나 사물에 대해 추측하거나 평가한다는 느낌이 추가된다.

- 说起来容易，做起来难。　말하기는 쉽지만 실행하기는 어려워요.
  Shuō qǐlái róngyì, zuò qǐlái nán.

- 她看起来很年轻。　그녀는 보기에 아주 젊은 것 같아요.
  Tā kàn qǐlái hěn niánqīng.

6 '既 A 又 B' 구문

'A'와 'B'에 각각 서로 동일한 구조의 동사(구) 혹은 형용사(구)를 넣어서 'A'라는 성질이나 상태 위에 'B'라는 것도 동시에 공존하고 있음을 표현한다.

- 她既是小说家，又是科学家。
  Tā jì shì xiǎoshuōjiā, yòu shì kēxuéjiā.
  그녀는 소설가이면서 과학자이기도 해요.

- 他既不喝酒，又不抽烟。
  Tā jì bù hē jiǔ, yòu bù chōuyān.
  그는 술도 마시지 않을 뿐더러 담배도 피우지 않아요.

문형 연습

1 **주어** + 一 + **양사** + 比 + 一 + **양사** + **형용사** 。

··· yī ··· bǐ yī ··· ··· .

~은 점점 더 ~해가요.

12-05

예 **我一天比一天胖。** 저는 매일매일 점점 살이 쪄가요.

Wǒ yì tiān bǐ yì tiān pàng.

孩子 Háizi	个 ge	漂亮 piàoliang
他写的字 Tā xiě de zì	次 cì	好 hǎo
弟弟 Dìdi	年 nián	高 gāo

2 **既** **又** 。 ~은 ~한데다, ~하기도 해요.

··· jì ··· yòu ··· .

12-06

예 **游泳既可以锻炼身体又可以减肥。**

Yóuyǒng jì kěyǐ duànliàn shēntǐ yòu kěyǐ jiǎnféi.

수영은 몸을 단련할 수 있을 뿐더러, 다이어트도 돼요.

这个西瓜 Zhè ge xīguā	大 dà	甜 tián
这个男孩儿 Zhè ge nán háir	高 gāo	帅 shuài
那个女孩儿 Nà ge nǚ háir	聪明 cōngming	可爱 kě'ài

취미 활동

爬山
pá shān
등산

保龄球
bǎolíngqiú
볼링

高尔夫球
gāo'ěrfūqiú
골프

欣赏音乐
xīnshǎng yīnyuè
음악 감상

摄影
shèyǐng
촬영

读书
dú shū
독서

烹饪
pēngrèn
요리

空中瑜伽
kōngzhōng yújiā
플라잉 요가

野营
yěyíng
캠핑

'11월 11일'은 중국 독신자의 날?

'11월 11일'을 우리나라에서는 대체로 '빼빼로데이' 혹은 '가래떡데이'라고 하죠? 중국에서는 이 날을 '광군지에(光棍节 Guānggùn Jié)' 혹은 '11'이 두 번 있다고 하여 '双十一 Shuāng shíyī'라고 부릅니다. '光棍 guānggùn'이 '총각', '미혼 남성'이라는 뜻이므로, 중국은 이 날을 '솔로데이(독신자의 날)'라고 부르고 있는 셈이죠. 이 날이 왜 '솔로데이'가 되었는지 사실 그 정확한 유래는 분명하지 않습니다. 다만, 몇 가지 속설 중에서, 기숙사에서 함께 살던 네 명의 남학생이 '11월 11일'을 솔로인 자신들의 처지에 비유했던 것에서 시작되었다는 설이 제일 유력합니다.

이 날을 2009년 중국의 최대 인터넷 상거래회사 '타오바오왕(淘宝网 Táobǎowǎng)'에서 일 년에 한 번 50% 이상 대폭 할인해 주는 폭탄 할인 기간으로 활용하면서 중국 최대의 '인터넷 할인 행사 기간'이 시작되었습니다. 중국의 수많은 인터넷 유저들은 10월 초부터 평소에 사고 싶었던 제품들을 '장바구니(购物车 gòuwùchē)'에 챙겨 두면서 11월 11일 0시가 되기만을 손꼽아 기다립니다.

2009년 11월 11일 대략 5,000만 위안(약 80억 원) 정도의 거래액에서 출발했던 광군지에 할인 행사는, 최근에는 11일 단 하루의 총 거래 규모가 거의 2,700억 위안(약 42조 원)에 달하는 신기록을 세우기도 했습니다. 그리고 이 기록은 바로 일 년 뒤 깨어질 것이 거의 확정적이라는 점에서 중국의 소비 잠재력에 그저 놀랄 따름입니다. 거래 형태도 초창기 컴퓨터를 사용한 주문에서, 이제는 스마트폰의 앱으로 간편하게 주문하고 '알리페이(支付宝 Zhīfùbǎo)'로 지불하는 방식이 보편화되었습니다.

11월 11일 이후 1~2주 동안은 중국 전역에 수십 억 개에 달하는 택배 광풍이 불어 닥친다는 점도 흥미롭답니다. 이 시기, 각 대학의 정문이나 기숙사 근처 공터에는 배송 회사에서 한 곳에 쌓아둔 택배 상자의 산더미를 오르락내리락 들추고 다니면서 자신이 주문한 상품을 찾는 학생들의 모습을 쉽게 목격할 수 있습니다.

13

因为师傅教得好，
所以我才学得好哇。

선생님께서 잘 가르쳐 주시니까 제가 잘 배울 수 있는 거죠.

📖 학습내용

- 인과관계복문 '因为A所以B'
- 관용구 '有的是'
- 강조구문 '连A都/也B'
- 구조조사 '得 de'를 필요로 하지 않는 정태보어(1)
- 가정양보절 '再A也/都B'
- PLUS 단어 '직업'

 ## 단어 🎧 13-01

游泳馆 yóuyǒngguǎn 명 수영장	需要 xūyào 통 필요하다
师傅 shīfu 명 스승	因为 yīnwèi 접 ~때문에
所以 suǒyǐ 접 그래서, 그러니까	开玩笑 kāi wánxiào 농담하다
遇到 yùdào 통 만나다, 마주치다	光 guāng 부 다만, 오직
翻译 fānyì 명 번역 통 번역하다	连A都B lián A dōu B (심지어) A조차도 B하다
死 sǐ 형 죽도록 ~하다	拼命 pīnmìng 통 필사적으로 하다
理想 lǐxiǎng 명 이상 형 이상적이다	职业 zhíyè 명 직업
关键 guānjiàn 명 관건	值得 zhídé 형 ~(할)만한 가치가 있다
收入 shōurù 명 수입	饱 bǎo 형 배부르다
暖 nuǎn 형 따뜻하다	道理 dàoli 명 법칙, 도리
工资 gōngzī 명 임금	

🎧 13-02

李贤秀　看来，再有一两次你就不需要我这个师傅了！
Kànlái, zài yǒu yì liǎng cì nǐ jiù bù xūyào wǒ zhè ge shīfu le!

金多情　都是因为师傅教得好，所以[1]我才学得好哇。
Dōu shì yīnwèi shīfu jiāo de hǎo, suǒyǐ wǒ cái xué de hǎo wa.

李贤秀　别开玩笑了。说真的，最近一直没见到小英，
Bié kāi wánxiào le. Shuō zhēnde, zuìjìn yìzhí méi jiàndào Xiǎoyīng,

　　　　她工作很忙吗？
tā gōngzuò hěn máng ma?

金多情　我昨天遇到她，我们光谈游泳了，
Wǒ zuótiān yùdào tā, wǒmen guāng tán yóuyǒng le,

　　　　都没来得及问她工作的情况。
dōu méi láidejí wèn tā gōngzuò de qíngkuàng.

李贤秀　她是不是在一家翻译公司工作？
Tā shì bu shì zài yì jiā fānyì gōngsī gōngzuò?

金多情　好像是。
Hǎoxiàng shì.

李贤秀　明天我们去找她玩儿玩儿，
Míngtiān wǒmen qù zhǎo tā wánr wanr,

　　　　顺便问问她的工作情况，怎么样？
shùnbiàn wènwen tā de gōngzuò qíngkuàng, zěnmeyàng?

金多情　好，反正明天我也没什么事，有的是[2]时间，
Hǎo, fǎnzhèng míngtiān wǒ yě méi shénme shì, yǒudeshì shíjiān,

　　　　我们一起去吧。
wǒmen yìqǐ qù ba.

🎧 13-03

李贤秀　小英，你可真难找哇，我们今天来了好几次了，
Xiǎoyīng, nǐ kě zhēn nán zhǎo wa, wǒmen jīntiān lái le hǎo jǐ cì le,

你都不在。
nǐ dōu bú zài.

林小英　对不起，我太忙了，连周末都[3]不能休息，
Duìbuqǐ, wǒ tài máng le, lián zhōumò dōu bù néng xiūxi,

快累死了[4]。
kuài lèi sǐ le.

金多情　反正是打工，别太拼命了，把自己的身体累坏了
Fǎnzhèng shì dǎ gōng, bié tài pīnmìng le, bǎ zìjǐ de shēntǐ lèihuài le

就麻烦了。
jiù máfan le.

林小英　我觉得找一个理想职业的关键是有没有兴趣。
　　　　Wǒ juéde zhǎo yí ge lǐxiǎng zhíyè de guānjiàn shì yǒu méiyǒu xìngqù.

　　　　因为我真的很喜欢这个工作，所以**❶**再累也**❺**值得。
　　　　Yīnwèi wǒ zhēnde hěn xǐhuan zhè ge gōngzuò, suǒyǐ zài lèi yě zhídé.

金多情　可是我觉得收入是最重要的，吃不饱穿不暖，
　　　　Kěshì wǒ juéde shōurù shì zuì zhòngyào de, chībubǎo chuānbunuǎn,

　　　　再有兴趣也不行。
　　　　zài yǒu xìngqù yě bù xíng.

李贤秀　你的话很有道理，可是做自己不喜欢的工作，
　　　　Nǐ de huà hěn yǒu dàoli, kěshì zuò zìjǐ bù xǐhuan de gōngzuò,

　　　　怎么会快乐呢？
　　　　zěnme huì kuàilè ne?

金多情　如果能找到一个既有兴趣工资又高的工作就好了。
　　　　Rúguǒ néng zhǎodào yí ge jì yǒu xìngqù gōngzī yòu gāo de gōngzuò jiù hǎo le.

李贤秀　我看小英的工作就挺好的。
　　　　Wǒ kàn Xiǎoyīng de gōngzuò jiù tǐng hǎo de.

因为小英去翻译公司打工，所以**①**我们有一段时间
Yīnwèi Xiǎoyīng qù fānyì gōngsī dǎ gōng, suǒyǐ wǒmen yǒu yíduàn shíjiān

没有见面了。周末的时候，我和贤秀正好没有什么事
méiyǒu jiànmiàn le. Zhōumò de shíhou, wǒ hé Xiánxiù zhènghǎo méiyǒu shénme shì

就一起去小英那儿玩儿。小英说她工作很忙，连周末
jiù yìqǐ qù Xiǎoyīng nàr wánr. Xiǎoyīng shuō tā gōngzuò hěn máng, lián zhōumò

都**③**不能休息，但是因为做翻译一直是她的理想，所以**①**
dōu bù néng xiūxi, dànshì yīnwèi zuò fānyì yìzhí shì tā de lǐxiǎng, suǒyǐ

再累也**⑤**觉得很快乐。
zài lèi yě juéde hěn kuàilè.

문법 해설

1 인과관계복문 '因为A所以B'

'A'가 '원인', 'B'가 '결과'를 나타내는 '인과관계복문'은 일반적으로 'A하기 때문에 그래서 B하다'로 번역한다.

- 因为天气很冷，所以我穿了毛衣。
  Yīnwèi tiānqì hěn lěng, suǒyǐ wǒ chuān le máoyī.
  날씨가 춥기 때문에 저는 스웨터를 입었어요.

- 因为妈妈不同意，所以我不能去旅游。
  Yīnwèi māma bù tóngyì, suǒyǐ wǒ bù néng qù lǚyóu.
  엄마가 동의하지 않기 때문에 저는 여행을 갈 수 없어요.

- 因为路上车堵得很厉害，所以她来晚了。
  Yīnwèi lùshang chē dǔ de hěn lìhai, suǒyǐ tā láiwǎn le.
  길에 차가 너무 심하게 막혔기 때문에 그녀는 늦게 왔어요.

2 관용구 '有的是'

'有的是'는 '넘쳐나다', '무척 많다'는 뜻의 관용구로, 뒤에 다른 성분을 목적어로 가질 수도 있고, 스스로 서술어처럼 쓰이기도 한다.

- 我有的是钱。　제가 있는 건 돈 뿐이에요.
  Wǒ yǒudeshì qián.

- 机会有的是，不要失望。　기회는 넘쳐나니 실망하지 마세요.
  Jīhuì yǒudeshì, bú yào shīwàng.

3 강조구문 '连 A 都 / 也 B'

'A'에 극단적인 예를 넣어서 '심지어 A조차도 B하다'는 강조의 뜻을 나타낸다. 'A'가 명사(구)일 경우, 'B'에는 긍정과 부정이 모두 올 수 있다.

- **这个道理连小孩子也知道。**
  Zhè ge dàoli lián xiǎo háizi yě zhīdào.
  이 이치는 심지어 어린 아이조차도 다 알아요.

- **最近连水都不能喝了。**
  Zuìjìn lián shuǐ dōu bù néng hē le.
  요즘 들어서 심지어 물조차도 마실 수 없어요.

4 구조조사 '得'를 필요로 하지 않는 정태보어(1)

일부 정태보어는 조사 '得'의 도움 없이 직접 동사와 결합하여 정도가 매우 심함을 표현하는 경우가 있는데, 이러한 유형의 정태보어는 소수에 불과하다. '死'는 실제로 '죽다'는 뜻이 아니라 동사의 동작을 하느라 '죽을 만큼 힘들다'는 뜻을 나타내며, 뒤에 '了'를 동반한다.

- **今天忙死了。** 오늘 바빠 죽겠어요.
  Jīntiān máng sǐ le.

- **我游了一千米，累死了。** 1,000미터를 헤엄쳤더니 힘들어 죽겠어요.
  Wǒ yóu le yìqiān mǐ, lèi sǐ le.

문법 해설

5 가정양보절 '再A也/都B'

'再A也/都B'는 '(설령/아무리) A라고 하더라도 B하다'는 '가정양보절'을 나타낸다.

- 天气再冷，孩子们也喜欢出去玩儿。
  Tiānqì zài lěng, háizimen yě xǐhuan chūqù wánr.
  날씨가 아무리 춥더라도 아이들은 바깥에 나가 노는 걸 좋아해요.

- 工作再忙，你们也要努力学习外语。
  Gōngzuò zài máng, nǐmen yě yào nǔlì xuéxí wàiyǔ.
  일이 아무리 바쁘다고 하더라도 여러분은 열심히 외국어를 공부해야 돼요.

문형 연습

1 　连　　都　　。　~은 심지어 ~조차도 ~해요.
… lián … dōu ….

🎧 13-05

예 **我连周末都不能休息。** 저는 심지어 주말조차도 쉬지 못해요.
Wǒ lián zhōumò dōu bù néng xiūxi.

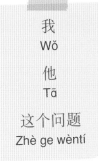

我 Wǒ	天安门 Tiān'ān mén	没去过 méi qùguo
他 Tā	鞋 xié	没穿 就跑出来了 méi chuān jiù pǎochūlái le
这个问题 Zhè ge wèntí	老师 lǎoshī	不知道 bù zhīdào

2 　再　　也　　。　~은 ~라고 하더라도 ~해요.
… zài … yě ….

🎧 13-06

예 **这件事再累也值得。** 이 일은 피곤하긴 하더라도 그만한 가치가 있어요.
Zhè jiàn shì zài lèi yě zhídé.

东西 Dōngxi	多 duō	拿得了 nádeliǎo
饭 Fàn	好吃 hǎochī	不吃 bù chī
药 Yào	苦 kǔ	要吃 yào chī

13 因为师傅教得好，所以我才学得好哇。　　**121**

직업

教授
jiàoshòu
교수

公务员
gōngwùyuán
공무원

运动选手
yùndòng xuǎnshǒu
운동선수

演员
yǎnyuán
배우

记者
jìzhě
기자

网红
wǎnghóng
온라인 셀럽

厨师
chúshī
요리사

科学家
kēxuéjiā
과학자

配音演员
pèiyīn yǎnyuán
성우

14

现在我就是想去工作也去不了了。

**지금 저는 일하러 가고 싶어도
갈 수가 없게 되었어요.**

 **학습내용**

- 축약형 단어 '马大哈'
- 부사 '都'와 '已经'의 용법 비교
- 이중부정을 활용한 강조 '非…不可'
- '是…的' 강조구문의 변형
- 구조조사 '得 de'를 필요로 하지 않는 정태보어(2)

- 동사 '以为'의 용법
- 가정복문을 이끄는 접속사의 생략
- 가정양보절 '就是 A 也 B'
- PLUS 단어 '질병'

 단어 🎧 14-01

敲 qiāo 图 두드리다, 치다	马大哈 mǎdàhā 图 덜렁이
多亏 duōkuī 图 덕분에	非…不可 fēi…bùkě ~하지 않으면 안 된다
住院 zhù yuàn 图 입원하다	感冒 gǎnmào 图 감기 걸리다
发烧 fā shāo 图 열이 나다	拉肚子 lā dùzi 설사하다
整天 zhěngtiān 图 온종일	没日没夜 méirì méiyè 성어 밤낮이 없다
早晚 zǎowǎn 图 조만간	看望 kànwàng 图 찾아가 보다
倒霉 dǎoméi 图 재수없다	透 tòu 图 충분하다, 그지없다
小心 xiǎoxīn 图 조심하다 图 주의하다	脚 jiǎo 图 발
扭 niǔ 图 삐다	检查 jiǎnchá 图 검사하다
大夫 dàifu 图 의사	严重 yánzhòng 图 심각하다
多少 duōshǎo 图 다소, 얼마쯤	关系 guānxi 图 연관, 관련
养伤 yǎng shāng 图 상처를 치료하다	机会 jīhuì 图 기회

🎧 14-02

李贤秀　马林，是你呀。
Mǎ Lín, shì nǐ ya.

马　林　对不起，我真是一个马大哈❶，又忘了带钥匙。
Duìbuqǐ, wǒ zhēn shì yí ge mǎdàhā, yòu wàng le dài yàoshi.

李贤秀　都两点了❷！我约了小英，多亏你把我叫起来，
Dōu liǎng diǎn le! Wǒ yuē le Xiǎoyīng, duōkuī nǐ bǎ wǒ jiào qǐlái,

　　　　要不我非迟到不可❸。
yàobù wǒ fēi chídào bùkě.

马　林　我看你不用去了，小英住院了。
Wǒ kàn nǐ búyòng qù le, Xiǎoyīng zhù yuàn le.

李贤秀　是什么时候住的院?❹
Shì shénme shíhou zhù de yuàn?

马　林　今天上午，我刚才回来的路上听一个朋友说的。
Jīntiān shàngwǔ, wǒ gāngcái huílái de lùshang tīng yí ge péngyou shuō de.

李贤秀　感冒？发烧？还是拉肚子？
Gǎnmào? Fā shāo? Háishi lā dùzi?

马　林　我也不太清楚，可能是累的吧。
Wǒ yě bú tài qīngchu, kěnéng shì lèi de ba.

　　　　整天没日没夜的工作，
Zhěngtiān méirì méiyè de gōngzuò,

　　　　早晚得累出病来。
zǎowǎn děi lèi chū bìng lái.

李贤秀　那我得去看望她。
Nà wǒ děi qù kànwàng tā.

🎧 14-03

李贤秀　小英，你怎么样了？
　　　　Xiǎoyīng, nǐ zěnmeyàng le?

林小英　别提了，真是倒霉透了[5]，今天早上起来晚了，
　　　　Bié tí le, zhēn shì dǎoméi tòu le, jīntiān zǎoshang qǐlái wǎn le,

　　　　我着急上班，下楼时不小心把脚扭了。
　　　　wǒ zháojí shàng bān, xià lóu shí bù xiǎoxīn bǎ jiǎo niǔ le.

金多情　检查过了吧？大夫怎么说？
　　　　Jiǎnchá guo le ba? Dàifu zěnme shuō?

林小英　大夫说不要紧，不算太严重，过几天就可以出院了。
　　　　Dàifu shuō bú yàojǐn, bú suàn tài yánzhòng, guò jǐ tiān jiù kěyǐ chū yuàn le.

李贤秀　我还以为[6]你是累病的呢。
　　　　Wǒ hái yǐwéi nǐ shì lèi bìng de ne.

林小英　和工作多少有点儿关系吧，
　　　　Hé gōngzuò duōshǎo yǒudiǎnr guānxi ba,

　　　　不是太累的话，也不会睡过了头。[7]
　　　　bú shì tài lèi dehuà, yě bú huì shuì guò le tóu.

金多情　这回你好好儿养伤，趁这个机会多休息休息吧。
　　　　Zhè huí nǐ hǎohāor yǎng shāng, chèn zhè ge jīhuì duō xiūxi xiūxi ba.

林小英　现在我就是想去工作也[8]去不了了。
　　　　Xiànzài wǒ jiùshì xiǎng qù gōngzuò yě qùbuliǎo le.

🎧 14-04

小英身体不舒服都两天了**❷**，我们劝她多休息休息，
Xiǎoyīng shēntǐ bù shūfu dōu liǎng tiān le, wǒmen quàn tā duō xiūxi xiūxi,

可她说工作很忙，非要去公司上班不可**❸**。
kě tā shuō gōngzuò hěn máng, fēi yào qù gōngsī shàng bān bù kě.

昨天听一个朋友说小英又住院了，我们去看望了她。
Zuótiān tīng yí ge péngyou shuō Xiǎoyīng yòu zhù yuàn le, wǒmen qù kànwàng le tā.

我们以为**❻**她工作太拼命了，要不怎么会生病呢？
Wǒmen yǐwéi tā gōngzuò tài pīnmìng le, yàobù zěnme huì shēng bìng ne?

但是大夫检查以后说，她是因为吃了什么不好的东西，
Dànshì dàifu jiǎnchán yǐhòu shuō, tā shì yīnwèi chī le shénme bù hǎo de dōngxi,

所以拉肚子，不算太严重，很快就可以出院了。
suǒyǐ lā dùzi, bú suàn tài yánzhòng, hěn kuài jiù kěyǐ chū yuàn le.

문법 해설

1 축약형 단어 '马大哈'

'덜렁이'라는 뜻의 '马大哈 mǎdàhā'는 '马马虎虎 mǎmǎ hūhū(대충대충)', '大大咧咧 dàda liēliē(건성건성)', '嘻嘻哈哈 xīxī hāhā(웃음소리의 의성어)'라는 세 단어의 머리글자로 이루어진 축약형 단어이다.

두세 단어로부터 한 글자씩 따와서 새로운 단어를 만드는 형식은 최신 유행어에 많이 보이지만, '马大哈'처럼 오래전부터 사용해 와서 사회적으로 널리 인지를 받아 정착하는 어휘는 그렇게 많지 않다.

- 环境保护 huánjìng bǎohù 환경보호 ➡ 环保 huánbǎo
- 调查研究 diàochá yánjiū 조사 연구(하다) ➡ 调研 diàoyán

2 부사 '都'와 '已经'의 용법 비교

객관적으로 볼 때, 어떤 상황이 자연스럽게 '이미 ~되었다'라고 표현할 경우에는 '已经…了'를 사용하지만, 특정한 상황에 대하여 화자의 주관적인 느낌(감탄·의외·놀라움 등)이 강조된 '벌써 ~했구나!'라는 표현은 '都…了'를 사용한다.

- 已经十二点了，她睡觉了。
  Yǐjīng shí'èr diǎn le, tā shuìjiào le.
  이미 12시가 되어서 그녀는 잠이 들었어요. [객관적으로 볼 때 자연스러운 취침]

- 都十二点了，她还不睡！
  Dōu shí'èr diǎn le, tā hái bú shuì!
  벌써 12시나 되었는데, 그녀가 아직도 자지 않고 있다니!
  [화자 개인의 주관적인 관점에서 볼 때, 그녀가 자지 않는 것은 의외]

문법 해설

3 이중부정을 활용한 강조 '非…不可'

강조하고 싶은 내용을 '非'와 '不可'의 사이에 넣어서 '~하지 않으면 안 된다'는 화자의 강력한 바람이나 의지를 표현한다. 이 때, '不可'는 '不行 bù xíng' 혹은 '不成 bù chéng' 으로 바꾸어 써도 된다.

- 这个作业，我非写不可。　　이 숙제는 제가 하지 않으면 안 돼요.
  Zhè ge zuòyè, wǒ fēi xiě bùkě.

- 我这一生，非你不可。　　내 인생에는 당신이 없으면 안 돼요.
  Wǒ zhè yìshēng, fēi nǐ bùkě.

4 '是…的' 강조구문의 변형

이미 발생한 사건의 '시간', '장소', '수단·방법', '행위자' 등을 특별히 강조하고자 할 때, '是…的' 강조구문을 사용한다. 이 때 '是'는 생략할 수도 있으며, '的'는 동사와 목적어 사이로 이동하기도 한다.

- 我是去年去北京的。　　저는 (다른 때가 아니라) 작년에 베이징에 갔었어요.
  Wǒ shì qùnián qù Běijīng de.

  = 我去年去的北京。
  Wǒ qùnián qù de Běijīng.

단, 목적어가 인칭대명사인 경우에는 '的'를 동사와 목적어 사이로 이동시킬 수 없다.

- 王老师(是)在教室告诉我的。
  Wáng lǎoshī (shì) zài jiàoshì gàosu wǒ de.
  왕 선생님은 (다른 곳이 아니라) 교실에서 나에게 알려주셨어요.

5 구조조사 '得'를 필요로 하지 않는 정태보어(2)

13과의 '동사＋死了' 구문과 마찬가지로, '동사＋透了' 역시 조사 '得'의 도움 없이 직접 동사와 결합하여 정도가 매우 심함을 표현한다. 대부분 화자의 입장에서 볼 때, 그다지 바람직하지 않은 상황에 쓰인다.

- 雨下透了。　비가 엄청나게 내렸어요.
  Yǔ xià tòu le.

- 情况麻烦透了。　상황이 정말 귀찮게 되었어요.
  Qíngkuàng máfan tòu le.

6 동사 '以为'의 용법

'以为'는 화자가 사람이나 사물에 대하여 착각·오해 등의 원인으로 잘못 판단하였음을 표현한다. 따라서 '以为＋목적어'의 목적어는 거짓 진술이거나 오류일 확률이 높다.

- 我以为她是老师。
  Wǒ yǐwéi tā shì lǎoshī.
  저는 그녀가 선생님인 줄 알았어요. [실제로는 선생님이 아니었음]

- 我以为你不在家。
  Wǒ yǐwéi nǐ bú zài jiā.
  저는 당신이 집에 없는 줄 알았어요. [실제로는 집에 있었음]

문법 해설

7 가정복문을 이끄는 접속사의 생략

'가정복문'을 이끄는 완전한 구문은 '如果 rúguǒ / 要是 yàoshi + 가정조건 + 的话 dehuà' 이지만, 필요에 따라 접속사 '如果'나 '要是'를 생략할 수도 있고, 뒤에 오는 '的话'를 생략할 수도 있다. 심지어 문맥상 가정문임을 자연스럽게 판단할 수 있다면, '如果/要是'와 '的话'를 모두 생략해도 된다.

- (如果)你不同意(的话)，我不想参加。
  (Rúguǒ) nǐ bù tóngyì (dehuà), wǒ bù xiǎng cānjiā.
  (만약) 당신이 찬성하지 않으면, 저는 참가하고 싶지 않아요.

- (要是)明天下雨(的话)，我们就不去。
  (Yàoshi) míngtiān xià yǔ (dehuà), wǒmen jiù bú qù.
  (만약) 내일 비가 오면, 우리는 가지 않을 거예요.

8 가정양보절 '就是 A 也 B'

'就是'는 '(설령) ~한다고 하더라도'라는 '가정양보절'을 이끄는데, '就是'가 이런 용법으로 쓰일 때는 대부분 뒤에 '也'를 동반한다.

- 就是金老师不在，也有王老师。
  Jiùshì Jīn lǎoshī bú zài, yě yǒu Wáng lǎoshī.
  설령 김 선생님이 안 계신다고 하더라도 왕 선생님이 계세요.

- 你就是不来，我们也能做。
  Nǐ jiùshì bù lái, wǒmen yě néng zuò.
  당신이 오지 않는다고 하더라도 우리가 할 수 있어요.

문형 연습

---

1 ··· 非 ··· 不可。 ~은 ~하지 않으면 안 돼요.

··· fēi ··· bùkě.

14-05

예 我非吃完不可。 저는 다 먹지 않으면 안 돼요.
Wǒ fēi chīwán bùkě.

我 Wǒ	做完今天的作业 zuòwán jīntiān de zuòyè
我 Wǒ	吃韩国菜 chī Hánguó cài
他 Tā	送给我礼物 sònggěi wǒ lǐwù

---

2 就是 ··· 也 ···。 (설령) ~한다고 하더라도 ~해요.

Jiùshì ··· yě ····.

14-06

예 就是想工作也去不了了。 일을 하려고 해도 갈 수 없어요.
Jiùshì xiǎng gōngzuò yě qùbuliǎo le.

你给我 nǐ gěi wǒ	不要 bú yào
下雨，我 xià yǔ, wǒ	去 qù
再贵，我 zài guì, wǒ	要买 yào mǎi

질병

鼻炎
bíyán
비염

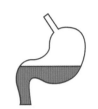

胃炎
wèiyán
위염

肠炎
chángyán
장염

积食
jīshí
식체

食物中毒
shíwù zhòngdú
식중독

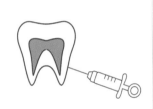

牙疼
yáténg
치통

皮肤病
pífūbìng
피부병

结膜炎
jiémóyán
결막염

心脏病
xīnzàngbìng
심장병

15

虽然我们不常见面，但是我们的关系非常好。

비록 우리가 자주 만나지는 못하지만,
관계는 정말 좋아요.

📖 학습내용

- 형용사의 중첩(2)
- 구조조사 '的'의 피수식어 생략
- 구조조사 '的'의 생략
- 양보복문 '虽然 A 但是／可是 B'
- '这么＋형용사／동사'
- 우리나라와는 다른 중국의 공원 풍경

단어 🎧 15-01

女孩儿 nǚháir 명 여자아이	眼睛 yǎnjing 명 (신체) 눈
像 xiàng 동 닮다	表妹 biǎomèi 명 외사촌 누이동생
虽然 suīrán 접 비록 ～일지라도	见面 jiàn miàn 동 만나다
社会 shèhuì 명 사회	调查 diàochá 동 조사하다
热闹 rènao 형 떠들썩하다, 북적거리다	太极拳 tàijíquán 명 태극권
跑步 pǎo bù 동 달리다	采访 cǎifǎng 동 취재하다
不同 bùtóng 동 다르다	年龄 niánlíng 명 연령
看法 kànfǎ 명 견해	谈 tán 동 이야기하다
发现 fāxiàn 동 발견하다	文化 wénhuà 명 문화
这么 zhème 대 이러한, 이렇게	

15-02

李贤秀　小英，昨天我看见一个女孩儿，
Xiǎoyīng, zuótiān wǒ kànjiàn yí ge nǚháir,

大大**❶**的眼睛，长长**❶**的头发，特别像你。
dàdà de yǎnjing, chángcháng de tóufa, tèbié xiàng nǐ.

林小英　你看见的可能是我妹妹。
Nǐ kànjiàn de kěnéng shì wǒ mèimei.

李贤秀　你怎么会有妹妹？你不是独生女吗？
Nǐ zěnme huì yǒu mèimei? Nǐ bú shì dúshēngnǚ ma?

林小英　啊，她是我表妹。虽然我们不常见面，
Ā, tā shì wǒ biǎomèi. Suīrán wǒmen bù cháng jiàn miàn,

但是**❹**我们的关系非常好。
dànshì wǒmen de guānxi fēicháng hǎo.

李贤秀　我正在做一个社会调查，也许她可以帮助我，
Wǒ zhèngzài zuò yí ge shèhuì diàochá, yěxǔ tā kěyǐ bāngzhù wǒ,

什么时候给我介绍介绍吧。
shénme shíhou gěi wǒ jièshào jièshào ba.

林小英　没问题，她每天
Méi wèntí, tā měitiān

早上都去公园，
zǎoshang dōu qù gōngyuán,

明天一起去吧。
míngtiān yìqǐ qù ba.

李贤秀　好哇。
Hǎo wa.

李贤秀　你好！
Nǐ hǎo!

小　敏　你喜欢早上来公园吗？
Nǐ xǐhuan zǎoshang lái gōngyuán ma?

李贤秀　在中国这是我第一次早上来公园。
Zài Zhōngguó zhè shì wǒ dì yī cì zǎoshang lái gōngyuán.

小　敏　早上公园里很热闹。有打太极拳的，有跳舞的，
Zǎoshang gōngyuán li hěn rènao. Yǒu dǎ tàijíquán de, yǒu tiào wǔ de,

有跑步的❷，……很有意思。
yǒu pǎobù de, …… hěn yǒu yìsi.

林小英　对了，你不是要小敏帮你做调查吗？
Duì le, nǐ bú shì yào Xiǎomǐn bāng nǐ zuò diàochá ma?

李贤秀　我要采访不同年龄的中国人，
Wǒ yào cǎifǎng bùtóng niánlíng de Zhōngguórén,

了解他们对家庭的看法。
liǎojiě tāmen duì jiātíng de kànfǎ.

小　敏　没问题。
Méi wèntí.

林小英　正好这里还有很多人，你也可以和他们谈谈。
Zhènghǎo zhèli hái yǒu hěn duō rén, nǐ yě kěyǐ hé tāmen tántan.

李贤秀　是啊，我发现这里是我了解中国社会和文化的
Shì a, wǒ fāxiàn zhèli shì wǒ liǎojiě Zhōngguó shèhuì hé wénhuà de

好地方❸。
hǎo dìfang.

🎧 15-04

我有一个弟弟，个子高高❶的，长得很帅。
Wǒ yǒu yí ge dìdi,　　gèzi gāogāo de,　　　zhǎng de hěn shuài.

我们两个的年龄差不多，我在北京学习汉语，
Wǒmen liǎng ge de niánlíng chàbuduō, wǒ zài Běijīng xuéxí Hànyǔ,

就和弟弟分开了。今年放假我回家和他见了一次面，
jiù hé dìdi fēnkāi le.　　Jīnnián fàng jià wǒ huí jiā hé tā jiàn le yí cì miàn,

虽然❹这么❺久都没在一起生活，但是❹我们的关系
suīrán zhème jiǔ dōu méi zài yìqǐ shēnghuó,　　dànshì wǒmen de guānxi

一直很好。我们都有不同的爱好，他喜欢跑步，
yìzhí hěn hǎo.　　Wǒmen dōu yǒu bùtóng de àihào, tā xǐhuan pǎobù,

我喜欢游泳。
wǒ xǐhuan yóuyǒng.

1 형용사의 중첩(2)

단음절 형용사 'A'는 'AA' 혹은 'AA + 儿' 형태로 중첩하며, 중첩된 형용사는 눈앞에 있는 상태나 상황을 생생하게 묘사하는 느낌을 표현한다. 또한 'AA + 儿' 형태로 중첩된 단음절 형용사의 두 번째 음절은 베이징과 그 주변 일대에서 '제1성'으로 발음하는 경향이 있다.

- 火车慢慢儿地开动了。　기차가 느릿느릿 움직이기 시작했어요.
  Huǒchē mànmānr de kāidòng le.

- 你们要好好儿地学习。　너희들 열심히 공부해야 해.
  Nǐmen yào hǎohāor de xuéxí.

2 구조조사 '的'의 피수식어 생략

'수식어 + 的 + 피수식어(명사구)' 구조에서 수식을 받는 명사구(피수식어)는, 앞뒤 문맥상 명확하게 알 수 있는 경우에 한하여 생략할 수 있다.

- 这些书都是我的。　이 책들은 전부 제 거예요.
  Zhèxiē shū dōu shì wǒ de.

- 那儿有很多颜色的汽车，但是我喜欢蓝的。
  Nàr yǒu hěn duō yánsè de qìchē, dànshì wǒ xǐhuan lán de.
  저기에는 다양한 색깔의 자동차들이 있지만, 저는 파란 색(의 차)을 좋아해요.

문법 해설

3 구조조사 '的'의 생략

일반적으로 명사(구)가 그 앞에 다른 수식어를 가지게 되면, '수식어 + 的 + 피수식어' 구조로 표현한다. 그러나 피수식어가 친인척, 학교, 회사, 소속 단체, 국가 등인 경우에는 '的'를 생략할 수 있다.

- 我爸爸是公务员。 우리 아빠는 공무원이에요.
  Wǒ bàba shì gōngwùyuán.
- 我们公司就在那个咖啡店的旁边。 우리 회사는 저 카페의 옆에 있어요.
  Wǒmen gōngsī jiù zài nà ge kāfēidiàn de pángbiān.

명사가 '好 hǎo', '大 dà', '短 duǎn', '长 cháng', '白 bái', '红 hóng' 등과 같은 단음절 형용사의 수식을 받을 때는 중간에 '的'가 없어도 형용사가 직접 수식할 수 있다.

- 我身边的朋友都是好人。 제 주변의 친구들은 모두 좋은 사람이에요.
  Wǒ shēnbiān de péngyou dōu shì hǎorén.
- 你看，这个短发适合不适合我? 좀 봐요, 이 짧은 머리가 제게 어울리는 것 같나요?
  Nǐ kàn, zhè ge duǎnfà shìhé bu shìhé wǒ?

그러나 수식어인 단음절 형용사가 또 다른 수식을 받아 음절 수가 증가하게 되면 '的'를 삽입해야 한다.

- 我跟你说一个很短的故事。 제가 당신에게 아주 짧은 이야기를 하나 해 드릴게요.
  Wǒ gēn nǐ shuō yí ge hěn duǎn de gùshì.

4 양보복문 '虽然A但是/可是B'

'虽然A但是/可是B'는 최소한 'A'라는 사실을 인정은 하지만, 그와는 모순되는 'B'라는 내용도 동시에 성립됨을 표현하는 양보복문이다. 'A'와 'B'가 때로는 서로 모순되거나 상반된 내용일 수 있음에도 불구하고 어쨌든 함께 공존가능하다는 사실을 나타낸다. 주어는 '虽然'의 앞뒤 어디에 와도 괜찮지만, '但是'는 항상 주절의 첫머리에 와야 한다.

- 我虽然喜欢唱歌，但是唱得不太好。
  Wǒ suīrán xǐhuan chànggē, dànshì chàng de bú tài hǎo.
  저는 비록 노래하는 걸 좋아하기는 하지만, 잘 부르지는 못해요.

- 虽然时间已经很晚了，但是我还不想回家。
  Suīrán shíjiān yǐjīng hěn wǎn le, dànshì wǒ hái bù xiǎng huí jiā.
  비록 시간이 이미 많이 늦었지만, 저는 아직 집으로 돌아가고 싶지 않아요.

- 虽然我跟她约好了，可是她没有来。
  Suīrán wǒ gēn tā yuēhǎo le, kěshì tā méiyǒu lái.
  비록 제가 그녀와 약속을 하기는 했지만, 그녀는 오지 않았어요.

- 虽然外面下着大雨，可是我要上学。
  Suīrán wàimiàn xiàzhe dàyǔ, kěshì wǒ yào shàng xué.
  비록 밖에는 큰비가 내리고 있지만, 저는 학교에 가야 해요.

5 '这么 + 형용사/동사'

'这么'는 '이렇게(나)'라는 뜻으로, 눈앞에 비교 대상이 있는 경우에는 놀라움이나 의외 등의 느낌을 주며, 비교 대상이 없을 때는 살짝 과장하는 느낌도 있다.

- 这就是妈妈买来的西瓜，这么大啊！
  Zhè jiùshì māma mǎilái de xīguā, zhème dà a!
  이게 바로 엄마가 사 오신 수박이구나. 이렇게나 크다니!

- 这么好的机会，你不要错过。
  Zhème hǎo de jīhuì, nǐ bú yào cuòguò.
  이렇게(나) 좋은 기회를 당신은 놓치지 말아야 해요.

- 我真的看过飞机，就是这么大！
  Wǒ zhēn de kànguo fēijī, jiùshì zhème dà!
  내가 비행기를 진짜로 본 적이 있다고, 바로 이렇게나 크다니까!

문형 연습

1 虽然　　但是　　。 비록 ～이지만, ～해요.
Suīrán … dànshì ….

15-05

例 **虽然我们不常见面，但是我们的关系非常好。**
Suīrán wǒmen bù cháng jiàn miàn, dànshì wǒmen de guānxi fēicháng hǎo.
비록 우리가 자주 보지는 못하지만, 우리의 관계는 아주 좋아요.

字很小
zì hěn xiǎo

他很累
tā hěn lèi

房间不大
fángjiān bú dà

很清楚
hěn qīngchu

还是坚持往上爬
háishi jiānchí wǎng shàng pá

很舒服
hěn shūfu

2 　　这么　　。 ～은 이렇게 ～해요.
… zhème ….

15-06

例 **你来得这么早。** 당신 이렇게나 일찍 오셨어요.
Nǐ lái de zhème zǎo.

今天天气
Jīntiān tiānqì

这个书包
Zhè ge shūbāo

这本书
Zhè běn shū

热
rè

漂亮
piàoliang

贵
guì

중국 문화이야기

우리나라와는 다른 중국의 공원 풍경

중국인의 아침은 깜짝 놀랄 정도로 빨라요. 새벽 5시 정도면 벌써 많은 사람들이 잠자리에서 일어나 하루를 시작합니다. 이 시간에 근처의 공원을 찾아가 보면, 중국인이 어떻게 하루를 맞이하는지 직접 볼 수 있답니다. 우리나라에서도 쉽게 볼 수 있는 조깅이나 산책 등을 즐기는 사람들 말고도 중국에서만 볼 수 있는 특이한 광경이 펼쳐지기 때문입니다.

공원의 넓은 공터에서는 수십 명에서 수백 명 단위의 아주머니들이 단체로 리듬에 맞추어 '광장댄스(广场舞 guǎngchǎngwǔ)'를 추고 있고, 다른 한 쪽에서는 사람들이 차분한 중국 전통 음악을 배경으로 '태극권(太极拳 tàijíquán)'의 기본 동작에 열심입니다. 그리고 가정에서 새를 많이 키우는 중국답게 새장을 들고 다니면서 '앵무새(鹦鹉 yīngwǔ)' 혹은 '구관조(八哥 bāge)' 등을 산책시키는 사람들도 드물지 않게 볼 수 있습니다.

또한, 야외임에도 불구하고 '고정식 탁구대(乒乓球台 pīngpāngqiútái)'가 많이 설치되어 있기 때문에 자신의 라켓과 공만 들고 온다면, 낯선 사람들과 탁구 시합을 즐길 수도 있습니다. 다만, 콘크리트 재질의 고정식 탁구대도 많기 때문에 시합 중 공을 무리하게 받으려다 부상을 입을 수 있다는 점에 주의해야 합니다. 이처럼 우리나라에서는 흔히 볼 수 없는 광경과 조우할 수 있는 곳이자 지역 사회의 사교장, 그곳이 바로 중국의 공원이랍니다.

16 复习2
복습 2

 **학습내용**

- 중첩형용사의 문법 특징
- 내용 Check!

 단어 🎧 16-01

本来 běnlái 명 본래, 원래	**优美** yōuměi 형 우아하고 아름답다
由于 yóuyú 접 ~때문에	**不得不** bùdébù 부 ~하지 않으면 안 된다
取消 qǔxiāo 동 취소하다	**计划** jìhuà 명 계획 동 계획하다
如此 rúcǐ 대 이와 같다	**充实** chōngshí 형 충실하다, 풍부하다
意义 yìyì 명 의의, 가치	**兼职** jiānzhí 명 겸직 동 겸직하다
之后 zhīhòu ~후, ~다음	**劝** quàn 동 권고하다, 설득하다

假期的时候，我和多情没有回国。我们本来
Jiàqī de shíhou,　　　wǒ hé Duōqíng méiyǒu huíguó.　Wǒmen běnlái

打算利用假期的时间去西藏看看，因为小英告诉
dǎsuàn lìyòng jiàqī de shíjiān qù Xīzàng kànkan,　　　yīnwèi Xiǎoyīng gàosu

我们西藏是个好地方，风景既优美又独特。但是
wǒmen Xīzàng shì ge hǎo dìfang,　fēngjǐng jì yōuměi yòu dútè.　Dànshì

由于我爸爸、妈妈要来北京谈生意，我们不得不
yóuyú wǒ bàba、　māma yào lái Běijīng tán shēngyi,　wǒmen bùdébù

取消了原来的计划。虽然如此，我们的假期还是
qǔxiāo le yuánlái de jìhuà.　Suīrán rúcǐ,　wǒmen de jiàqī háishi

非常充实而有意义的。
fēicháng chōngshí ér yǒu yìyì de.

小英特别喜欢上网，这是她最大的爱好，
Xiǎoyīng tèbié xǐhuan shàng wǎng, zhè shì tā zuì dà de àihào,

她差不多每天要上两个小时网，在网上聊天儿、
tā chàbuduō měitiān yào shàng liǎng ge xiǎoshí wǎng, zài wǎng shang liáotiānr、

看新闻、打游戏什么的。小英最大的理想是当翻译，
kàn xīnwén、 dǎ yóuxì shénmede. Xiǎoyīng zuì dà de lǐxiǎng shì dāng fānyì,

假期里她正好有机会到一家公司做兼职翻译，工作
jiàqī li tā zhènghǎo yǒu jīhuì dào yì jiā gōngsī zuò jiānzhí fānyì, gōngzuò

虽然很累，但是她觉得能做自己感兴趣的工作再
suīrán hěn lèi, dànshì tā juéde néng zuò zìjǐ gǎn xìngqù de gōngzuò zài

累也值得。可是她工作太忙了，连周末也不能休息，
lèi yě zhídé. Kěshì tā gōngzuò tài máng le, lián zhōumò yě bù néng xiūxi,

都快累死了。因为太累，有一天睡过了头，早上
dōu kuài lèi sǐ le. Yīnwèi tài lèi, yǒu yì tiān shuì guò le tóu, zǎoshang

起来晚了，着急上班，下楼时把脚扭了，所以住院
qǐlái wǎn le, zháojí shàng bān, xià lóu shí bǎ jiǎo niǔ le, suǒyǐ zhù yuàn

了。大夫检查之后说不要紧，我们都劝她趁这个
le. Dàifu jiǎnchá zhīhòu shuō bú yàojǐn, wǒmen dōu quàn tā chèn zhè ge

机会多休息休息。
jīhuì duō xiūxi xiūxi.

因为要做社会调查，所以我认识了小英的表妹
Yīnwèi yào zuò shèhuì diàochá, suǒyǐ wǒ rènshi le Xiǎoyīng de biǎomèi

小敏，她的眼睛大大的，头发长长的，很漂亮。
Xiǎomǐn,   tā de yǎnjing dàdà de,   tóufa chángcháng de,   hěn piàoliang.

她很喜欢早上到公园锻炼，早上公园人很多，
Tā hěn xǐhuan zǎoshang dào gōngyuán duànliàn, zǎoshang gōngyuán rén hěn duō,

也很热闹，是我了解中国社会和文化的好地方。
yě hěn rènao,   shì wǒ liǎojiě Zhōngguó shèhuì hé wénhuà de hǎo dìfang.

보충 문법 해설

■ **중첩형용사의 문법 특징** (*2과와 15과 참조)

일반적인 형용사와 중첩된 형용사는 문법적으로 서로 다른 특징을 보인다. 때문에 중첩된 형용사를 일반 형용사와 구분하여 '상태사'라고 부르기도 한다.

1. 일반형용사는 '很', '非常'과 같은 정도부사의 수식을 받을 수 있으나 중첩형용사는 수식을 받을 수 없다.

   - 일반형용사: 今天很冷。 Jīntiān hěn lěng. 오늘은 춥다.
   - 중첩형용사: ○ 大大的眼睛 dàdà de yǎnjing 커다란 눈
     × 很大大的眼睛 hěn dàdà de yǎnjing

2. 일반형용사는 '不'를 사용하여 부정문을 만들 수 있지만, 중첩형용사는 긍정문에만 사용할 수 있다.

3. 중첩형용사가 서술어로 쓰일 때는 '的'를 덧붙여야 문장을 마칠 수 있다.

   - 她眼睛大大的。 Tā yǎnjing dàdà de. 그녀는 눈이 정말 크다.

내용 Check!

1 假期的时候，李贤秀为什么取消了去西藏的计划?

2 小英认为西藏是个什么样儿的地方?

3 小英在网上都做什么?

4 小英的表妹长得怎么样?

5 早上公园怎么样?

본문 해석

01 北京比杭州冷多了。

본문 1

린샤오잉 두 사람. 이번 여행은 어땠어?

이현수 정말 좋았어. 아름다운 풍경을 보았을 뿐만 아니라 맛있는 간식도 먹었어.

김다정 쑤저우 항저우의 아가씨들은 한 명 한 명 다 예쁘더라.

린샤오잉 좋은 거 많이 구경했겠구나.

이현수 실컷 먹기도 했어.

린샤오잉 항저우는 안 추웠어?

김다정 안 추웠어. 베이징보다 따뜻해.

이현수 베이징은 항저우보다 훨씬 추워.

본문 2

린샤오잉 윈드 브레이커를 입은 이 사람은 누구야?

이현수 그는 내 친구 최민휘야.

린샤오잉 키가 아주 큰 것 같은데.

이현수 그는 키가 1미터 85센티미터야. 나보다 머리 반쯤 더 커.

린샤오잉 생긴 것도 잘생겼네.

이현수 내가 두 사람 소개시켜 줄까?

린샤오잉 좋지.

김다정 샤오잉, 이건 너에게 주는 항저우 특산품이야.

린샤오잉 고마워.

본문 3

지난주에 마린은 상하이에 다녀왔어요. 상하이는 클 뿐만 아니라 매우 아름다워요. 군것질거리도 아주 많고 값도 싸서 마린은 실컷 먹었어요. 상하이의 옷도 베이징보다 훨씬 저렴해서 마린은 어머니께 옷을 여러 벌 사드렸어요.

02 无论是中文歌还是韩文歌都唱得不错。

본문 1

김다정 현수야, 샤오잉이 방금 전화해서 우리랑 노래 부르러 가자는데.

이현수 언제?

김다정 오늘 저녁 일곱 시에 걔네 교실로 오래.

이현수 오늘 저녁은 안 될 것 같아.

김다정 왜? 너 다른 일 있어?

이현수 친구와 약속을 했는데, 저녁 여섯 시에 미국 영화를 보러 가기로 했거든.

김다정 정말 유감이다!

이현수 너 혼자 가야겠다.

김다정 그래.

본문 2

이현수 너 어제 저녁에 노래 잘 불렀어?

김다정 그저 그랬어.

이현수 샤오잉은? 걔 노래는 어땠어?

김다정 샤오잉은 나보다 잘 불러. 중국어 노래든 한국어 노래든 다 잘 불러.

이현수 우리 평소에 연습을 많이 해야 되겠다.

김다정 맞아! 어떤 중국 노래 가사는 내가 읽지도 못해.

이현수 다음에 내가 너희들 데리고 노래 부르러 가야겠다.

김다정 약속한 거다!

이현수 문제 없어.

본문 3

중국에서 중국어를 배우는 것은 무척 바빠요. 평소에 우리는 매일 중국어 수업이 있어요. 수업이 끝난 후에도 저는 종종 친구들과 말하기 연습을 하거나 이야기 등을 하느라 춤을 추거나 노래 부르러 갈 시간이 없었어요. 지난 금요일은 제 생일이어서, 우리는 노래를 부르러 한 번 갔는데 전부 3시간을 불렀어요. 우리 모두는 노래를 많이 불렀고, 현수가 저보다는 훨씬 더 잘 불렀어요.

03 这个时候 打车没有坐地铁快。

본문 1

이현수　다정아, 너 어째서 이제서야 온 거야?

김다정　아이고! 말도 마! 길이 또 막혔어.

이현수　지금이 출퇴근 피크타임이지.

김다정　응. 난 네 시 반에 나왔는데 30분 이상이나 막힐 줄은 생각도 못했어.

이현수　이 시간에는 택시를 타는 게 지하철보다 빠르지 않아.

김다정　다음에 또 이런 일이 있으면 지하철을 타야겠어.

본문 2

김다정　샤오잉, 너 몇 시에 도착했어?

린샤오잉　난 오늘 3~4교시 수업이 없어서 11시 45분에 왔어.

이현수　우리 반은 12시 10분에야 수업을 마쳤어. 끝난 후에도 다정이를 잠시 기다렸어.

린샤오잉　괜찮아. 난 이미 밥을 다 샀어. 언니 오빠도 먼저 밥을 받으러 가.

김다정　지금은 줄을 서야 하니 우선 얘기나 좀 하자.

린샤오잉　어제 연극 어땠어? 알아들을 수 있었어?

이현수　40% 정도 알아들었어.

김다정　배우와 관객의 거리가 가까워서 매우 친밀하게 느껴졌어.

린샤오잉　연극을 알아들을 수 있다면 중국어는 이제 다 배운 셈이지.

본문 3

저의 중국인 친구 마린은 키가 1미터 75센티미터로, 저만큼 크지는 않지만 저는 그가 잘생기고 매우 친절하다고 생각해요. 저는 종종 그와 함께 이런저런 대화를 나눠요. 영화나 경극, 공부 등에 대해 이야기를 하죠. 그는 너무 빨리 말하지 않아서 90퍼센트는 알아들을 수 있어요.

04 我把书落在出租车上了。

본문 1

이현수　리 선생님, 어디서 책을 살 수 있는지 아시나요?

선생님　왜, 네 책은 잃어버렸니?

이현수　어제 택시를 탔다가 차에 두고 내렸어요.

선생님　그럼 10층 사무실에 가면 살 수 있어. 차를 타고서도 책을 본 거니?

이현수　시험을 봐야 하잖아요. 복습 좀 하려고 했죠.

선생님　너 영수증 있니? 택시 회사에 전화해서 물어보면 찾을 수 있을 지도 몰라.

이현수　영수증은 버렸어요.

선생님　앞으로는 영수증을 잘 챙겨 둬.

본문 2

이현수　마린아, 네 《신편 보보고》 2권 내가 좀 보게 빌려 줘.

마린　책꽂이에 있어. 너 오전에 가서 책 산다고 했잖아?

이현수　오전에 계속 수업이 있었어. 너 오후에 수업 있니?

마린　있어. 무슨 일 있어?

이현수　수업 가는 김에 나 대신 책을 사다 줄래? 나는 오후에 외출을 해야 해.

마린　좋아! 어디 가서 사지?

이현수　10층 사무실.

본문 3

저는 오늘 자전거를 타고 샤오잉네 집에 놀러 갈 생각이에요. 그런데 오늘 아침에 제 자전거를 찾을 수가 없었어요. 저는 어제 수업이 끝난 후 그것(자전거)을 자전거 보관소에 세워 두고 그 다음에는 계속 안 탔으니까, 틀림없이 잃어버린 거겠죠. 한 대 더 사야겠어요. 지금은 택시를 타고 샤오잉네 집에 가는 게 낫겠어요!

본문 1

이현수 다정아, 너 매일 룰루랄라 하며 오더니 오늘은 어째서 근심에 찬 얼굴이야?

김다정 어휴, 말도 마. 오늘 건물 문을 나서자마자 어떤 사람과 부딪혔어.

이현수 어때? 심각해?

김다정 심하지는 않아. 단지 안경이 떨어져서 부서졌을 뿐이야!

이현수 안경 없이 수업할 수 있겠니?

김다정 할 수 있기는 한데, 글씨를 많이 잘못 옮겨 쓰겠지.

이현수 얼른 안경을 새로 맞춰.

본문 2

김다정 샤오잉, 나에게 책 한 권 빌려 줄 수 있어?

린샤오잉 무슨 책?

김다정 《현대중국어문법》.

린샤오잉 그 책, 내 건 누가 빌려 갔어. 무슨 일인데?

김다정 곧 시험을 봐야 하는데 문법을 좀 복습하려고.

린샤오잉 무슨 질문이 있으면 나에게 물어봐. 내가 가르쳐 줄게.

김다정 그럼 잠시 뒤에 내 기숙사로 올래?

린샤오잉 룸메이트는 없어?

김다정 걔는 친구가 불러서 갔어.

본문 3

다정이는 어제 외출하자마자 넘어졌어요. 다정이는 괜찮았지만 안경이 떨어져서 망가져 버렸죠. 곧 시험이고, 안경이 없으면 수업을 들을 수 없어서 다정이는 서둘러서 하나 맞추러 갔고, 지금 (그걸) 쓰고 있어요! 저는 다정이 안경이 예쁘긴 예쁘지만 너무 비싸다고 생각해요!

본문 1

김다정 너 어디 있어?

룸메이트 나 열람실에 있는데. 왜? 무슨 일 있어?

김다정 내가 열쇠를 방 안에 둔 바람에 들어갈 수가 없어.

룸메이트 조급해 하지 마. 나 금방 돌아갈 거야.

김다정 너 15분 내로 와줄 수 있어? 방에 들어가서 물건을 다 챙기고 다시 외출해야 해.

룸메이트 갈 수 있어.

본문 2

김다정 미안해. 늦었어.

린샤오잉 괜찮아. 어서 앉아.

김다정 나 방금 방에 못 들어가서, 룸메이트에게 돌아오라고 전화해서 문을 열었어.

린샤오잉 그래? 교재는 다 들고 왔어?

김다정 가져왔어. 모레가 바로 기말고사인데 복습을 다 못 해서 걱정이야.

린샤오잉 언니는 기초가 좋으니까 지금 복습해도 늦지 않아.

김다정 어떤 문법 문제는 아직도 잘 모르겠어. 나 좀 도와줘.

린샤오잉 문제없지. 문법 문제에 관해서는 나에게 물어봐.

김다정 정말 고마워.

린샤오잉 고맙기는 뭘.

본문 3

저는 현수와 오늘 저녁 6시 30분에 함께 친구네 집에 식사하러 가기로 약속했어요. 그런데 아까 현수에게서 전화가 왔는데, 아직 학교에 있고 과제가 다 안 끝나서 7시에나 돌아올 것 같다고 하네요. 저는 친구가 조급해 할까 봐 먼저 친구네 집에 가서 거기서 현수를 기다릴 생각이에요. 그런데 친구네 집이 어디에 있는지 잘 몰라서 친구에게 전화를 해 봐야겠어요.

07 这次考试你考得怎么样?

본문 1

김다정   현수야. 이번 시험 어땠어?

이현수   문법을 잘 못 본 것 외에 다른 건 다 괜찮아. 너는?

김다정   나도 잘 봤어. 특히 문법을 가장 잘 봤어.

이현수   너 문법 못 볼까 봐 걱정하지 않았어?

김다정   샤오잉이 나에게 두 번 보충수업을 해 줘서 많이
         좋아졌지.

이현수   너의 수확이 많았구나!

김다정   나도 수확이 아주 컸다고 생각해.

본문 2

린샤오잉   두 사람은 중국어가 어렵다고 생각해?

이현수   처음 배울 땐 발음이 좀 어렵다고 생각했는데, 지
           금은 발음이 갈수록 좋아지고 있어.

김다정   나도 그래. 중국어는 배울수록 재미있고 배울수
           록 좋아져.

린샤오잉   두 사람 모두 많이 늘었어. 보아하니 둘 다 퍽 만
           족하는 것 같은데?

김다정   그럼 당연하지. 중국어 배우는 것 외에도 우린 중
           국 친구들도 많이 알게 되었잖아.

이현수   우리 중국어 실력이 왔을 때보다는 많이 좋아졌
           지. HSK 시험 6급 통과도 문제없어.

린샤오잉   자, 두 사람의 발전을 위해 건배!

다정·현수   건배!

본문 3

저는 중국에서 새해를 보내는 것이 특히 재미있다고 생각
해요. 어제 우리 학교에서는 새해 파티를 했는데, 중국 학생
들 말고도 많은 한국 학생과 일본 학생들이 있었어요. 우리
는 함께 밥 먹고 노래하고 춤을 추는 등 아주 즐겁게 놀았어
요. 우리 반 친구들 외에 다른 반 친구들도 많이 알게 되었
는데, 이번 새해 저녁 파티에서 저의 수확은 특히 많았어요.

08 复习1

시간은 정말 빨리 지나가요. 한 학기가 곧 끝나고, 저와
현수는 금방 귀국할 겁니다. 이번 학기에 우리의 수확은 매
우 많았어요. 막 왔을 때 우리는 간단한 중국어만 할 수 있
었고, 발음도 좋지 못했지만 지금은 발음이 갈수록 좋아지고
중국어도 배울수록 재미있어요. HSK 시험을 본다면 6급을
따는 것은 문제없을 것 같아요.

공부 이외에 우리는 여행도 했어요. 새해에 우리는 쑤저
우와 항저우에 갔는데, 두 도시 모두 경치가 정말 아름다웠
고 맛있는 음식도 많아서 실컷 구경했을 뿐만 아니라 실컷
먹기도 했어요. 수업 외의 생활도 매우 다양했어요. 수업이
없을 때는 종종 외출을 했는데 영화, 경극, 연극 등을 보러
다녔고, 어떤 때는 친구와 이야기도 하고 노래도 불렀어요.
저는 베이징에서의 생활이 정말 즐겁다고 생각해요.

이번 유학의 최대 성과는 중국 친구 린샤오잉을 알게 된
거예요. 샤오잉은 총명하고 예쁜 아가씨예요. 그녀는 우리에
게 아주 많은 도움을 주었어요. 특히 저에게요. 저는 문법 실
력이 그다지 좋지 않았는데, 샤오잉이 여가 시간에 저를 가
르쳐 주어서 이번 시험에서 문법 시험을 가장 잘 봤어요. 저
는 샤오잉에게 매우 고마워해야 돼요. 저는 내년에 샤오잉을
한국으로 한번 초청할 계획이에요. 샤오잉을 데리고 재미있
게 놀고 싶고, 한국의 경치와 명승지를 보여주려고 해요.

저와 현수는 토요일 비행기표를 예약했는데 우리가 예약
한 것은 왕복 티켓이에요. 다음 학기에 우리는 다시 베이징
에 와서 공부를 할 거예요.

09 你有什么安排?

본문 1

김다정   현수야, 시험 끝났는데 무슨 계획이 있어?

이현수   나는 이번 방학 때 티베트에 한번 가 보려고 해.
         너는?

김다정   나는 귀국할지 말지 고민하고 있어.

이현수   너 귀국해서 무슨 중요한 일이라도 있어?

김다정   무슨 중요한 일은 없는데, 여기에 있어도 할 일이
         없으니까 조금 심심할 거 같아서.

이현수   내 생각엔 너 귀국하지 않는 게 낫겠어. 나와 같이
         티베트에 가자. 그곳은 아주 아름답다고 하더라고!

린샤오잉 곧 방학인데 두 사람 무슨 계획이 있어?
김다정 어제 현수하고도 이 일을 상의했어. 우리는 티베트에 한번 놀러 가 보려고 해.
린샤오잉 티베트는 좋은 곳이야. 경치가 독특하니까 당연히 가 봐야지. 언니 오빠 어떻게 가려고?
김다정 비행기 타고 갈 계획이야. 너는? 방학 때 무슨 계획이라도 있니?
린샤오잉 나 회사에 들어가서 한동안 일을 좀 해 보려고 몇몇 회사에 연락하고 있어.
김다정 왜? 너 경제적으로 어려움이 있니?
린샤오잉 아니야! 그냥 졸업하기 전에 먼저 회사에서 한번 일해보면서 경험을 좀 쌓으려고.
김다정 아하, 그런 거였구나!

본문 3

공부를 마친 후, 저는 다정이와 함께 티베트를 여행할 계획이에요. 우리는 티베트의 풍경이 독특하다고 들었기 때문이죠. 다른 교통수단이 모두 불편하기 때문에 우리는 비행기를 타고 가려고 해요. 우리의 친구 샤오잉은 회사에서 아르바이트를 하려고 하는데, 그러면 샤오잉은 업무 경험을 어느 정도 쌓을 수 있고 나중에 직업을 구할 때 좀 더 쉬워질 수 있을 것 같아요.

10 我们去不了西藏了。

본문 1

이현수 다정아, 미안해. 보아하니 우리 티베트에 못 갈 것 같아.
김다정 왜?
이현수 이틀 후에 아버지랑 어머니가 베이징에 오신대.
김다정 괜찮아. 마침 나도 갈지 말지 아직 결정 못 했거든. 부모님은 베이징에 여행 오시는 거야?
이현수 여행 오시는 게 아니고 비즈니스하러 오셔.
김다정 부모님은 전에 중국에 오신 적이 있어?
이현수 오신 적은 있는데, 베이징에 오신 적은 없어.
김다정 그럼 네가 부모님을 모시고 베이징의 명소를 한번 돌아 봐야겠네.

이현수 만약 시간이 있으면 모시고 구경하러 좀 다닐 거야. 어차피 나도 베이징에 못 가 본 곳이 많으니까.

본문 2

김다정 오후에 부모님과 어디 갔었어?
이현수 바로 네가 우리에게 가라고 추천했던 그 쇼핑몰에 갔지.
김다정 어땠어?
이현수 물건이 싸고 품질도 좋더라.
김다정 내가 뭐랬어? 물건이 좋고 값도 싸지?
이현수 지금 판촉 이벤트를 하고 있어. 할인되는 상품이 아주 많았어.
김다정 얼마나 할인해?
이현수 다 달라. 어떤 건 70%, 60% 할인이고, 대부분이 50% 할인이더라.
김다정 가격 흥정은 했니?
이현수 이미 싼데 더 깎을 수 있어?
김다정 물론이지.

본문 3

현수의 아버지께서 전화를 걸어와서 사업차 베이징에 오신다고 했어요. 현수가 부모님과 동행해야 하기 때문에 티베트에 갈 수 없게 되었어요. 베이징에는 현수가 아직 가보지 못한 곳이 많아서, 시간이 나면 부모님과 함께 명소를 둘러볼 계획이라고 하네요. 또한 그들은 물건을 좀 사기 위해 쇼핑몰에 가고 싶어해요. 요즘 백화점에서 판촉 이벤트를 하고 있다고 들었는데, 할인된 상품이 많아서 값도 저렴하고 흥정도 할 수 있어요.

11 你想做什么就可以做什么。

본문 1

김다정 샤오잉, 너 인터넷 하는 거 좋아해?
린샤오잉 응. 나의 가장 큰 취미가 바로 인터넷 하는 거야. 거의 매일 두 시간씩 인터넷에 접속해.
김다정 그래? 그럼 인터넷 접속해서 뭐 해?
린샤오잉 나는 주로 인터넷에 접속해서 뉴스를 보거나 채팅을 하거나 게임 같은 걸 해. 언니는?

김다정　나는 인터넷 별로 안 해. 접속해도 메일이나 받고 보내고 해.

린샤오잉　그럼 언니는 무슨 취미가 있어?

김다정　내 취미는 많지. 전에는 여러 가지 스포츠를 가장 좋아했고, 중국에 온 이후에는 새로운 취미가 또 한 가지 생겼어.

린샤오잉　내가 한번 맞춰볼게. 중국화 그리기, 맞아?

김다정　누가 그래? 나 그림 그리는 거 전혀 안 좋아해.

린샤오잉　언니네 방에 중국화 한 폭 걸려 있잖아.

김다정　아! 그건 현수가 그린 거야. 걔는 중국화에 흥미가 정말 많아. 나는 영화 보는 것을 좋아해.

린샤오잉　그럼 우리 같이 주말에 영화 보러 갈래? 현수 오빠도 부르고.

본문 2

김다정　현수야, 우리 주말에 함께 영화 보러 가는 건 어때? 샤오잉도 갈 거야.

이현수　이번 주말에 나는 영화를 별로 보고 싶지가 않은데.

김다정　그럼 너는 주말에 뭐 할 거야?

이현수　나는 몇몇 친구들과 주말에 같이 술 마시기로 약속했어. 너도 같이 가자!

김다정　안 가! 요즘 매일 너와 같이 술 마셔서 나 이제 더 이상 못 견디겠어.

이현수　시험도 끝났잖아! 긴장을 좀 풀어야지.

김다정　그럼 너나 가서 풀어. 나는 샤오잉이랑 같이 영화 보러 갈 거야.

이현수　그럼 알았어. 다음 번에 우리 함께 가자.

본문 3

　모든 사람들은 자신만의 취미를 가지고 있어요. 샤오잉의 가장 큰 취미는 인터넷을 매일 몇 시간씩 하는 것인데, 그녀는 인터넷에서 하고 싶은 것을 다 할 수 있다는 걸 매우 편리하게 느껴요. 현수는 중국화 그리는 것을 좋아할 뿐만 아니라, 그림도 잘 그리는데, 그의 기숙사에는 그가 직접 그린 중국화 한 폭이 걸려 있어요. 저는 영화 보는 것을 좋아하는데, 이것은 중국에 온 이후에야 생긴 취미예요.

12 打乒乓球或者打羽毛球都行。

본문 1

김다정　현수야, 좀 봐 줘. 나 점점 뚱뚱해지는 거 아냐?

이현수　누가 아니래. 너 다이어트 해야겠다. 우리 운동 좀 하러 가자!

김다정　좋아. 탁구나 배드민턴 치는 거 다 괜찮아.

이현수　내 생각에 가장 효과적인 운동 방식은 수영이야. 차라리 우리 수영하러 가자.

김다정　나도 모르는 건 아니야. 근데 사실 나 헤엄을 조금도 칠 줄 몰라.

이현수　내가 가르쳐주면 되지! 중고등학교 때 나 학교 수영 챔피언이었어.

김다정　정말 대단하다. 그럼 약속한 거다!

본문 2

린샤오잉　다정 언니, 며칠 못 봤는데 생기가 넘쳐 보여!

김다정　그래? 나 요즘 현수에게 수영을 배우고 있는데, 아주 재미있더라. 수영은 신체 단련도 되는 데다 다이어트도 할 수 있어. 정말 일거양득이지.

린샤오잉　듣기로는 적어도 매주 세 번씩 수영해야 단련 효과가 있대. 언니 그럼 꾸준히 해야 돼. 언제 우리 시합 한번 하자.

김다정　너도 수영할 줄 알아?

린샤오잉　나 수영 잘 해.

김다정　허풍 떠는 거 아니지?

본문 3

　저는 운동을 정말 좋아하는데, 수영이나 탁구 같은 각종 스포츠 중에 제가 못하는 게 없어요. 그런데 요즘 공부가 너무 바빠서 오랫동안 운동을 못 했어요. 하루하루 살이 쪄서 다들 저더러 살을 빼야 한다고 말했어요. 저는 가장 효과적인 방법이 수영이라고 생각해요. 하지만 일주일에 최소 세 번은 수영을 해야 단련의 목적을 달성할 수 있다고 들었는데, 저는 지금 시간이 없어서 다른 방법을 생각해야 할 것 같아요.

샤오잉이 번역 회사에서 아르바이트를 하기 때문에 우리는 한동안 만나지 못했어요. 주말에 저는 현수와 별다른 일이 없어서 함께 샤오잉네 회사로 놀러 갔어요. 샤오잉은 주말에도 쉴 수 없을 정도로 일이 바쁘지만, 번역을 하는 것은 언제나 그녀의 꿈이었기 때문에 아무리 힘들어도 즐겁다고 했어요.

13 因为师傅教得好，所以我才学得好哇。

본문 1

이현수	보아하니 한두 번 더 하면 이 스승이 필요 없겠네!
김다정	다 스승이 잘 가르쳤기 때문에 내가 잘 배운 거지 뭐.
이현수	농담하지 마. 진짜. 요즘 샤오잉은 통 안 보이네. 걔 일이 많이 바쁘대?
김다정	내가 어제 우연히 샤오잉을 만났는데, 수영에 대해서만 얘기하고 미처 그녀가 일하는 상황에 대해서 묻지는 못했어.
이현수	걔 번역 회사에서 일하고 있지?
김다정	그런 거 같아.
이현수	내일 우리 샤오잉한테 한번 놀러 갈까? 간 김에 걔 일에 대해서도 좀 물어보고. 어때?
김다정	그래. 어차피 나도 내일 할 일이 없으니까 시간이 남아돌아. 우리 같이 가자.

본문 2

이현수	샤오잉, 널 보기 참 힘들다. 우리 오늘 몇 번이나 왔는데 너 계속 없던데.
린샤오잉	미안해. 나 너무 바빠서 주말조차 쉴 수 없어. 힘들어 죽겠어.
김다정	어차피 아르바이트인데 너무 기운 빼지 마. 힘들어서 몸이 망가지면 고생이야.
린샤오잉	나는 이상적인 직업을 찾는 관건은 흥미라고 생각해. 나는 정말 이 일을 좋아하기 때문에 힘들어도 그만한 가치가 있어.
김다정	하지만 나는 수입이 가장 중요하다고 생각해. 배부르게 먹지 못하고, 따뜻하게 입지 못하면 아무리 흥미가 있어도 안 되지 뭐.
이현수	네 말에도 일리가 있긴 하지만 자기가 좋아하지 않는 일을 하면 어떻게 즐거울 수가 있어?
김다정	흥미도 있고 보수도 높은 일을 찾을 수 있으면 좋겠다.
이현수	내가 보기에 샤오잉의 일자리는 정말 괜찮은 것 같아.

14 现在我就是想去工作也去不了了。

본문 1

이현수	마린, 너구나.
마린	미안해. 난 정말 덜렁이야. 또 열쇠를 안 가지고 나갔어.
이현수	벌써 두 시나 되었네! 나 샤오잉이랑 약속이 있는데 네가 깨워줘서 다행이다. 안 그랬으면 틀림없이 늦었을 거야.
마린	내가 보기엔 너 갈 필요 없어. 샤오잉 입원했어.
이현수	언제 입원했어?
마린	오늘 오전에. 내가 방금 돌아오는 길에 다른 친구한테 들었어.
이현수	감기야? 열 나? 아니면 설사?
마린	나도 잘 모르겠어. 아마 지쳐서 그럴 거야. 온종일 밤낮없이 일하니까 병 나는 건 시간문제였어.
이현수	그럼 나 문병 가야겠다.

본문 2

이현수	샤오잉, 너 어떻게 된 거야?
린샤오잉	말도 마. 정말 재수가 없었어. 오늘 아침 늦게 일어나는 바람에 급하게 출근하려고 계단을 내려가다가 그만 발을 삐었어.
김다정	검사는 다 했지? 의사 선생님이 뭐라고 하셔?
린샤오잉	의사 선생님이 괜찮대. 별로 심하지 않으니까 며칠 지나면 퇴원할 수 있대.
이현수	난 또 네가 피곤해서 그런 줄 알았네.
린샤오잉	일과 어느 정도 관계가 있겠지. 너무 피곤하지 않았으면 늦잠도 자지 않았을 거야.
김다정	이번에 너 몸조리 잘 해. 이 기회를 이용해서 많이 좀 쉬고.

린샤오잉 지금 나는 일하러 가고 싶어도 못 가.

본문 3

샤오잉이 몸이 아픈 지도 이틀이 지났어요. 저희가 좀 더 쉬라고 권했는데도 일이 바빠서 회사에 출근하지 않으면 안 된다고 해요. 어제 어떤 친구가 샤오잉이 또 병원에 입원했다고 하는 말을 듣고 우리는 그녀를 찾아갔어요. 우리는 그녀가 너무 열심히 일해서 병이 난 줄로만 알았어요. 그렇지 않으면 어째서 병이 났겠어요? 하지만 의사 선생님께서 진찰 이후에 샤오잉이 어떤 좋지 못한 것을 먹어서 설사를 하는 거라 그다지 심각하지 않고, 금방 퇴원할 수 있을 것이라고 말했어요.

15 虽然我们不常见面，
但是我们的关系非常好。

본문 1

이현수 샤오잉, 어제 나 어떤 여자애를 봤는데, 커다란 눈에 기다란 머리가 너랑 정말 비슷하게 생겼더라.
린샤오잉 오빠가 만난 게 아마 내 여동생일 거야.
이현수 너 어떻게 여동생이 있어? 너 외동딸 아니야?
린샤오잉 아, 걔는 내 외사촌 동생이야. 우리는 자주 만나지는 않지만 관계가 아주 좋아.
이현수 나 지금 설문조사를 하고 있는데 걔가 어쩌면 나를 도와줄 수 있겠다. 언제 나한테 소개 좀 해 줘.
린샤오잉 그래. 걔는 매일 아침 공원에 가거든. 내일 같이 가자.
이현수 그래.

본문 2

이현수 안녕!
샤오민 오빠는 아침에 공원 오는 걸 좋아해요?
이현수 중국에 온 후 처음으로 아침에 공원에 온 거야.
샤오민 아침에 공원은 떠들썩해요. 태극권 하는 사람, 춤추는 사람, 달리기하는 사람…, 아주 재미있어요.
린샤오잉 맞다. 오빠가 조사하고 있는 거, 샤오민이 도와줬으면 했잖아.
이현수 서로 다른 연령의 중국인을 취재하고, 가족에 대한 그들의 견해를 알아보려고 해.

샤오민 문제 없어요.
린샤오잉 마침 여기에 사람들이 많으니까 그들과도 이야기를 좀 나눌 수 있겠어.
이현수 그래. 내가 보니까 여기가 중국 사회와 문화를 이해하는 데 좋은 곳 같아.

본문 3

저는 남동생이 한 명 있는데 키가 크고 잘생겼어요. 우리 두 사람은 나이가 비슷한데, 제가 베이징에서 중국어를 공부하면서 동생과 헤어지게 되었어요. 올해 방학에 집에 가서 동생과 한 번 만났는데, 비록 그렇게 오래 같이 살지는 않았지만 우리 사이는 줄곧 좋았어요. 우리는 모두 다른 취미를 가지고 있는데, 동생은 달리기를 좋아하고 저는 수영을 좋아해요.

16 复习2

방학 때, 저와 다정이는 귀국하지 않았어요. 샤오잉이 티베트가 좋은 곳이고 경치가 아름답고 독특하다고 알려주었기 때문에 저희는 원래 방학 동안에 티베트에 한번 가 볼 계획이었는데 아버지, 어머니께서 사업차 베이징에 오려고 하셔서 어쩔 수 없이 원래의 계획을 취소해야만 했어요. 그럼에도 불구하고 우리의 방학은 매우 충실하고 의미 있었어요.

샤오잉은 인터넷 하는 걸 정말 좋아하는데, 그건 그녀의 가장 큰 취미예요. 그녀는 거의 매일 두 시간 정도 인터넷에 접속해서 채팅하고 뉴스를 보고 게임 등을 해요. 샤오잉의 가장 큰 꿈은 번역가가 되는 거예요. 방학 때 그녀는 마침 기회를 얻어 어떤 회사에 가서 번역 아르바이트를 하게 되었어요. 그녀는 일은 힘들지만 자기가 좋아하는 일을 하기 때문에 아무리 힘들어도 그만한 가치가 있다고 여겨요. 그러나 그녀는 일이 너무 바빠요. 주말에도 쉴 수 없으니까 지쳐 죽을 지경이에요. 너무 피곤해서 어느 날은 늦잠을 자다 아침에 늦게 일어났어요. 서둘러 출근하느라 계단을 내려올 때 발을 삐어 병원에 입원하게 되었어요. 의사는 검진한 후 괜찮다고 했어요. 저희는 그녀에게 이 기회에 좀 쉬라고 했어요.

설문조사를 하기 위해 저는 샤오잉의 외사촌 누이동생 샤오민을 알게 되었어요. 샤오민은 눈이 크고 머리가 길며, 아주 예뻤어요. 샤오민은 아침에 공원에 가서 운동하는 걸 좋아해요. 아침에 공원에는 사람이 많고, 또 떠들썩하기도 해요. 공원은 제가 중국 사회와 문화를 이해하기에 적절한 장소예요.

说 말하기
听 듣기
念 읽기
写 쓰기
정복!

新 보보고

步 步 高

중국어 초중급

WORK
BOOK

程相文・김준헌 저

步步高는
'사다리'를 가리키는 중국어로
한 걸음 한 걸음 올라간다는 뜻입니다.

시사중국어사

新 步步高

步 步 高

중국어 초중급

新 보보고

WORKBOOK

시사중국어사

听 Listening

1 녹음을 듣고 보기 중 답을 고르세요. 🎧 01-01

(1) ① 贤秀　　　　　　　② 贤秀的爸爸

(2) ① 杭州　　　　　　　② 苏州

(3) ① 北京　　　　　　　② 苏州

(4) ① 上个星期　　　　　② 这个星期

(5) ① 三岁　　　　　　　② 五岁

2 녹음을 듣고 문장의 옳고 그름을 판단해 보세요. 🎧 01-02

(1) 马林周末要去上海。　　　　　　　　　○ □　　× □

(2) 上海又大又漂亮。　　　　　　　　　　○ □　　× □

(3) 上海的小吃很多，可是不太便宜。　　　○ □　　× □

(4) 北京的衣服比上海的便宜。　　　　　　○ □　　× □

(5) 马林在上海给他妈妈买了几件衣服。　　○ □　　× □

1 보기에서 적절한 단어를 골라서 단문을 완성한 후, 아래 질문에 답해 보세요.

> 보기　　比　　要是　　应该　　不但…而且…

> 　　我在北京住了三个月了，我非常喜欢北京。北京(　　　)很大，(　　　)风景很漂亮。北京也有很多小吃，又便宜又好吃。(　　　)你来北京，我可以带你去品尝。可是北京的冬天很冷，(　　　)首尔冷多了。你(　　　)多穿一些衣服。

(1) "我"在北京住了多长时间?

→ ～～～～～～～～～～～～～～～～～～～～～～～～～～～～～～～～～

(2) 北京大吗? 风景怎么样?

→ ～～～～～～～～～～～～～～～～～～～～～～～～～～～～～～～～～

(3) 北京的小吃怎么样?

→ ～～～～～～～～～～～～～～～～～～～～～～～～～～～～～～～～～

(4) 北京的冬天冷还是首尔的冬天冷?

→ ～～～～～～～～～～～～～～～～～～～～～～～～～～～～～～～～～

2 다음 문장을 읽어 보세요. 🎧 01-03

(1) 飞机比火车快。　/　妹妹比姐姐漂亮。

(2) 火车不比飞机快。　/　姐姐不比妹妹漂亮。

(3) 她哥哥长得挺帅的。 / 他的汉语挺好的。

(4) 这些电影个个都很好看。 / 这些衣服件件都很漂亮。

(5) 她不但喜欢唱歌，而且还喜欢跳舞。

(6) 他们不但没去过上海，而且也没去过北京。

(7) 不但他爸爸会说英语，而且他妈妈也会说英语。

写 Writing

1 한자를 병음으로 써 보세요.

(1) 挺 [ ]　　(2) 暖 [ ]

(3) 且 [ ]　　(4) 丽 [ ]

(5) 景 [ ]　　(6) 帅 [ ]

(7) 姑 [ ]　　(8) 高 [ ]

2 병음을 한자로 써 보세요.

(1) dàbǎo yǎnfú [ ]　　(2) nuǎnhuo [ ]

(3) měiwèi [ ]　　(4) hǎoxiàng [ ]

3 병음으로 된 문장을 중국어 문장으로 바꾸어 보세요.

(1) Zhè tàng wánr de zěnmeyàng?

　→ 〰〰〰〰〰〰〰〰〰〰〰〰〰〰〰〰〰〰〰〰〰〰〰〰〰〰〰〰〰〰〰

(2) SūHáng de gūniang gègè dōu hěn piàoliang.

　→ 〰〰〰〰〰〰〰〰〰〰〰〰〰〰〰〰〰〰〰〰〰〰〰〰〰〰〰〰〰〰〰

(3) Tā shì wǒ de péngyou.

　→ 〰〰〰〰〰〰〰〰〰〰〰〰〰〰〰〰〰〰〰〰〰〰〰〰〰〰〰〰〰〰〰

(4) Zhè shì gěi nǐ de Hángzhōu tèchǎn.

　→ 〰〰〰〰〰〰〰〰〰〰〰〰〰〰〰〰〰〰〰〰〰〰〰〰〰〰〰〰〰〰〰

4 주어진 단어를 Ⓐ ~ Ⓓ 중 적절한 위치에 넣으세요.

(1) Ⓐ我弟弟Ⓑ长得很高，现在Ⓒ我Ⓓ高半头了。　　　　　（比）

(2) Ⓐ她Ⓑ男朋友Ⓒ长得高，而且长得很帅Ⓓ。　　　　（不但）

(3) Ⓐ贤秀Ⓑ想去Ⓒ杭州旅行，而且多情也想去Ⓓ。　　（不但）

(4) Ⓐ苏州的特产Ⓑ多的，你可以Ⓒ买一些Ⓓ送给朋友。　（挺）

(5) Ⓐ这件风衣比Ⓑ那件风衣Ⓒ漂亮Ⓓ了。　　　　　　　（多）

1 다음 질문에 자유롭게 대답해 보세요.

(1) 你比你妈妈高吗?

→ 　　　　　　　　　　　　　　　　　　　　　　　　　　　

(2) 你和你的汉语老师谁高?

→ 　　　　　　　　　　　　　　　　　　　　　　　　　　　

(3) 你爸爸长得帅不帅?

→ 　　　　　　　　　　　　　　　　　　　　　　　　　　　

(4) 你妈妈长得漂不漂亮?

→

听 Listening

1 녹음을 듣고 보기 중 답을 고르세요. 🎧 02-01

(1) ① 很好　　　　　　　　② 马马虎虎

(2) ① 去　　　　　　　　② 不去

(3) ① 会　　　　　　　　② 不会

(4) ① 风景很好，可是小吃不多　　② 风景和小吃都很好

(5) ① 和小英去看的　　　　② 一个人去看的

2 녹음을 듣고 문장의 옳고 그름을 판단해 보세요. 🎧 02-02

(1) 我们有时有汉语课，有时没有。　　○ ☐　　✕ ☐

(2) 下课以后，"我"常常去跳舞。　　○ ☐　　✕ ☐

(3) 上个星期"我们"去唱歌了。　　○ ☐　　✕ ☐

(4) "我们"每个人都唱了三个小时。　　○ ☐　　✕ ☐

(5) 贤秀唱歌唱得比"我"好多了。　　○ ☐　　✕ ☐

1 보기에서 적절한 단어를 골라서 단문을 완성한 후, 아래 질문에 답해 보세요.

> 보기　无论…都…　　　不但…而且…　　　平时　　　得(děi)

在北京生活非常好，(　　)吃的东西很便宜，(　　)坐车也很便宜。(　　)坐地铁还是坐公共汽车(　　)很便宜。但是要是你坐公共汽车去公司，你(　　)早一点儿走，有时会堵车。我(　　)都是坐地铁和轻轨去公司的，又快又省钱。

(1) 在北京生活好不好？为什么？

→ ～～～～～～～～～～～～～～～～～～～～～～～～～～～～

(2) 在北京坐地铁便宜不便宜？

→ ～～～～～～～～～～～～～～～～～～～～～～～～～～～～

(3) 坐公共汽车去公司的时候，为什么要早点儿走？

→ ～～～～～～～～～～～～～～～～～～～～～～～～～～～～

(4) "我"常常怎么去公司？

→ ～～～～～～～～～～～～～～～～～～～～～～～～～～～～

2 다음 문장을 읽어 보세요. 🎧 02-03

(1) 她吃得比我多。 / 他们的汉语说得比我好。

(2) 他写得比我快一点儿。 / 他姐姐说得比他快一点儿。

(3) 无论周一还是周二都可以。 / 无论汉语还是日语，他都说得很好。

(4) 无论你来不来，我们都去唱歌。 / 无论行不行，你都要给我打电话。

(5) 无论什么课，他都学得很好。 / 无论我怎么说，他都不去。

(6) 我的汉语还不太好，我得多练习。 / 这些小吃很好吃，我得多吃。

(7) 刚才我去锻炼身体了。 / 刚才我去买衣服了。

写 Writing

1 한자를 병음으로 써 보세요.

(1) 刚 ☐   (2) 约 ☐

(3) 室 ☐   (4) 恐 ☐

(5) 遗 ☐   (6) 表 ☐

(7) 论 ☐   (8) 练 ☐

2 병음을 한자로 써 보세요.

(1) gēcí ☐   (2) búcuò ☐

(3) píngshí ☐   (4) yíhàn ☐

3 병음으로 된 문장을 중국어 문장으로 바꾸어 보세요.

(1) Xiǎoyīng qǐng wǒmen qù chàng gē.

→ ～～～～～～～～～～～～～～～～～～～～～～～～～～～～～～～～～～～～～～

(2) Wǒ gēn tóngxué yuēhǎo le.

→ ～～～～～～～～～～～～～～～～～～～～～～～～～～～～～～～～～～～～～～

(3) Wúlùn shì Zhōngwén gē háishi Hánwén gē dōu chàng de búcuò.

→ ～～～～～～～～～～～～～～～～～～～～～～～～～～～～～～～～～～～～～～

(4) Yǒuxiē Zhōngwén gē de gēcí wǒ hái bú huì niàn ne.

→ ～～～～～～～～～～～～～～～～～～～～～～～～～～～～～～～～～～～～～～

4 주어진 단어를 Ⓐ ～ Ⓓ 중 적절한 위치에 넣으세요.

(1) 对不起, Ⓐ 不能 Ⓑ 陪你 Ⓒ 去旅行 Ⓓ 了。　　　　　　（恐怕）

(2) 多情, Ⓐ 我给你 Ⓑ 打电话了, Ⓒ 可是你不在家 Ⓓ 。　　（刚才）

(3) Ⓐ 我是 Ⓑ 来中国的, Ⓒ 没有人陪我 Ⓓ 。　　　　　　（一个人）

(4) 这些菜 Ⓐ 好吃 Ⓑ , 我 Ⓒ 多吃 Ⓓ 点儿。　　　　　　（得）

5 문맥에 맞게 보기에서 적절한 단어를 고르세요.

(1) 我已经跟多情约（① 好 / ② 懂）了，下课以后去图书馆。

(2) 今天吃饭你请客，下（① 趟 / ② 次）我请客。

(3) 我弟弟（① 唱歌 / ② 唱）得不错。

(4) 今天我不太舒服，（① 恐怕 / ② 怕）不能跟你一起去银行了。

(5) 爸爸，你看我这件风衣（① 什么样 / ② 怎么样）?

说 Speaking

1 다음 질문에 자유롭게 대답해 보세요.

(1) 你歌唱得怎么样?　　→

(2) 你有会唱的中国歌吗?　　→

(3) 你看过中国电影吗?　　→

(4) 你常听中国歌吗?　　→

听 Listening

1 녹음을 듣고 질문에 대한 답을 고르세요. 🎧 03-01

(1) ① 小英　　　　　　　　② 多情

(2) ① 话剧　　　　　　　　② 京剧

(3) ① 坐地铁　　　　　　　② 打的

(4) ① 坐一会儿　　　　　　② 买饭

(5) ① 18%　　　　　　　　② 80%

2 녹음을 듣고 문장의 옳고 그름을 판단해 보세요. 🎧 03-02

(1) 马林身高一米七。　　　　　　　　　　○ □　　✕ □

(2) 马林比"我"高。　　　　　　　　　　　○ □　　✕ □

(3) 马林长得很帅。　　　　　　　　　　　○ □　　✕ □

(4) "我"常常和马林一起学习、看电影什么的。　○ □　　✕ □

(5) 马林说话的时候，"我"差不多都能听懂。　○ □　　✕ □

1 보기에서 적절한 단어를 골라서 단문을 완성한 후, 아래 질문에 답해 보세요.

> 보기
>
> 就　才　完　离
>
> 排队　无论…都…　不但…而且…

　　我知道一个很好的饭馆儿，那儿有北京菜，也有上海菜，而且（　　）是上海菜还是北京菜（　　）非常好吃。那儿的菜（　　）很好吃，（　　）很便宜，还有那个地方（　　）学校很近，很多学生喜欢去那儿吃饭，我们每次去都得排队。上个周末我们下午五点（　　）去了，可是已经有人（　　）了，六点（　　）排到我们。我们吃（　　）饭的时候，已经九点了。

---

(1) "我"知道的那个饭馆儿有什么菜？

→ ～～～～～～～～～～～～～～～～～～～～～～～～～～～～～～～～～

(2) 那儿的菜怎么样？

→ ～～～～～～～～～～～～～～～～～～～～～～～～～～～～～～～～～

(3) 在那儿吃饭的人多不多？

→ ～～～～～～～～～～～～～～～～～～～～～～～～～～～～～～～～～

(4) 上个周末"我们"什么时候去的？什么时候吃完的？

→ ～～～～～～～～～～～～～～～～～～～～～～～～～～～～～～～～～

2 다음 문장을 읽어 보세요. 🎧 03-03

(1) 他六点半就起床了。 / 电影四点就开始了。

(2) 妹妹十二点才睡觉。 / 电影六点才开始。

(3) 我唱了十分钟歌。 / 他排了半个小时队。

(4) 自行车没有出租车快。 / 我的汉语没有她好。

(5) 马林没有贤秀那么高。 / 北京没有上海那么暖和。

(6) 观众离演员很近。 / 银行离邮局很近。

(7) 北京离苏州很远。 / 美国离中国很远。

写 Writing

1 한자를 병음으로 써 보세요.

(1) 咳 _____ (2) 峰 _____

(3) 排 _____ (4) 队 _____

(5) 众 _____ (6) 演 _____

(7) 离 _____ (8) 观 _____

2 병음을 한자로 써 보세요.

(1) juéde _____ (2) yǎnyuán _____

(3) huàjù _____ (4) qīnqiè _____

3 병음으로 된 문장을 중국어 문장으로 바꾸어 보세요.

(1) Lùshang yòu dǔ chē le.

→ ~~~~~~

(2) Zhè ge shíhou dǎ chē méiyǒu zuò dìtiě kuài.

→ ~~~~~~

(3) Yǎnyuán lí guānzhòng hěn jìn, juéde hěn qīnqiè.

→ ~~~~~~

(4) Néng tīngdǒng bǎi fēn zhī sìshí.

→ ~~~~~~

4 문맥에 맞게 就 혹은 才를 고르세요.

(1) 我家离学校很近，骑自行车五分钟(① 就 / ② 才)到了。

(2) 今天我打车来的，非常快，半个小时(① 就 / ② 才)到了。

(3) 已经八点半了，你怎么(① 就 / ② 才)起床?

(4) 今天作业不多，下午两点我(① 就 / ② 才)做完作业了。

1 다음 질문에 자유롭게 대답해 보세요.

(1) 你家离地铁站近吗?

→

(2) 你家离公共汽车站近吗?

→

(3) 你家离学校近不近?

→

(4) 这儿离学校食堂近不近?

→

04 과

听 Listening

1 녹음을 듣고 질문에 대한 답을 고르세요. 🎧 04-01

(1) ① 教室   ② 家里

(2) ① 教学楼四层   ② 教学楼十四层

(3) ① 考试   ② 复习

(4) ① 发票   ② 邮票

(5) ① 昨天   ② 今天

2 녹음을 듣고 문장의 옳고 그름을 판단해 보세요. 🎧 04-02

(1) "我"今天坐出租车去小英家玩儿。   ○ □   × □

(2) "我"的自行车也许丢了。   ○ □   × □

(3) "我"昨天上课的时候，把自行车放在教学楼
前边了。   ○ □   × □

(4) "我"昨天下课以后把自行车放在车棚里了。   ○ □   × □

(5) "我"打算再买一辆自行车。   ○ □   × □

1 보기에서 적절한 단어를 골라서 단문을 완성한 후, 아래 질문에 답해 보세요.

보기

应该　　　一直　　　觉得　　　得(de)

就要…了　　　考得不太好　　　可是

下个星期我(　　)考试(　　)，我得复习复习。(　　)从第几课考到第几课我还不知道，我得给朋友打电话问问，他们(　　)知道。这三个月我(　　)都在学习汉语。我(　　)我平时学(　　)还不错，可是每次考试都(　　)，为什么呢？

(1) "我" 什么时候考试？

→ 〰〰〰〰〰〰〰〰〰〰〰〰〰〰〰〰〰〰〰〰〰〰〰

(2) "我" 为什么要给朋友打电话？

→ 〰〰〰〰〰〰〰〰〰〰〰〰〰〰〰〰〰〰〰〰〰〰〰

(3) "我" 学习汉语学了多长时间了？

→ 〰〰〰〰〰〰〰〰〰〰〰〰〰〰〰〰〰〰〰〰〰〰〰

(4) "我" 平时学得怎么样？考试呢？

→ 〰〰〰〰〰〰〰〰〰〰〰〰〰〰〰〰〰〰〰〰〰〰〰

2 다음 문장을 읽어 보세요. 🎧 04-03

(1) 贤秀把自行车放在车棚里了。 / 小英把书放在书架上了。

(2) 爸爸把车停在图书馆旁边了。 / 多情把信寄了。

(3) 我把作业忘在家里了。 / 我把护照忘在饭店里了。

(4) 你不是要吃铁板牛柳吗? / 你明天不是要考试吗?

(5) 你的书能借我看看吗? / 你的自行车能借我用用吗?

(6) 请你把那本书借我看看。 / 请你把你的自行车借我用用。

(7) 请你顺便帮我买张邮票吧。 / 请你顺便帮我借本书吧。

写 Writing

1 한자를 병음으로 써 보세요.

(1) 丢		(2) 办	
(3) 层		(4) 复	
(5) 试		(6) 扔	
(7) 顺		(8) 直	

2 병음을 한자로 써 보세요.

(1) kǎoshì		(2) shùnbiàn	
(3) yěxǔ		(4) fùxí	

3 병음으로 된 문장을 중국어 문장으로 바꾸어 보세요.

(1) Wǒ bǎ shū là zài chē shang le.

→ ~~~~~~

(2) Kěyǐ gěi chūzūchē gōngsī dǎ diànhuà wènwen.

→ ~~~~~~

(3) Shùnbiàn bāng wǒ bǎ shū mǎi huílái, hǎo ma?

→ ~~~~~~

(4) Yǐhòu yào bǎ fāpiào shōuhǎo.

→ ~~~~~~

4 주어진 단어를 Ⓐ ～ Ⓓ 중 적절한 위치에 넣으세요.

(1) Ⓐ 我 Ⓑ 身份证 Ⓒ 忘在 Ⓓ 银行了。　　　　　　　　（把）

(2) Ⓐ 我们 Ⓑ 快点儿走吧！ Ⓒ 多情已经 Ⓓ 在等我们了。　（也许）

(3) 你 Ⓐ 去 Ⓑ 打饭的时候，Ⓒ 帮我也 Ⓓ 买一点儿回来。　（顺便）

(4) Ⓐ 我不是 Ⓑ 告诉你 Ⓒ 吗？Ⓓ 别忘了带护照。　　　　（一直）

(5) Ⓐ 这是我 Ⓑ 五次 Ⓒ 来中国 Ⓓ 。　　　　　　　　　　（第）

1 다음 질문에 자유롭게 대답해 보세요.

(1) 你常把书落在家里吗?

→ ～～～～～～～～～～～～～～～～～～～～～～～～～～～～～～

(2) 你常坐车看书吗?

→ ～～～～～～～～～～～～～～～～～～～～～～～～～～～～～～

(3) 你每次都把发票收好吗?

→ ～～～～～～～～～～～～～～～～～～～～～～～～～～～～～～

(4) 我们的教室在几层?

→ ～～～～～～～～～～～～～～～～～～～～～～～～～～～～～～

05 과

听 Listening

1 녹음을 듣고 질문에 대한 답을 고르세요. 🎧 05-01

(1) ① 很高兴　　　　　　　　② 不太高兴

(2) ①"我"的自行车丢了　　② "我"的自行车坏了

(3) ① 能　　　　　　　　　　② 不能

(4) ① 帮人辅导韩语　　　　② 找人辅导他汉语

(5) ① 跟朋友去看电影了　　② 去朋友家了

2 녹음을 듣고 문장의 옳고 그름을 판단해 보세요. 🎧 05-02

(1) 多情昨天把眼镜摔坏了。　　　　　　　　○ □　　× □

(2) 多情现在还没去配眼镜。　　　　　　　　○ □　　× □

(3) 多情快要考试了。　　　　　　　　　　　○ □　　× □

(4) 要是没有眼镜，多情就不能上课。　　　　○ □　　× □

(5) 多情的眼镜很漂亮，可是太贵了。　　　　○ □　　× □

1 보기에서 적절한 단어를 골라서 단문을 완성한 후, 아래 질문에 답해 보세요.

> 보기   被   只是   早就   跟…一样
> 愁眉苦脸   坏   戴   配

Ⓐ 贤秀，今天你怎么没(　　　)眼镜？

Ⓑ 别提了，今天早上起床的时候眼镜(　　　)我摔(　　　)了。

Ⓐ 别(　　　)的了，高兴一点儿，今天下课以后就去(　　　)一个吧！

Ⓑ 我(　　　)想再配一个了，(　　　)这个眼镜是我女朋友送给我的。
要是她知道眼镜坏了，一定会生气的。

Ⓐ 没关系，你配一个(　　　)她送给你的眼镜(　　　)的。

Ⓑ 对呀！

---

(1) 贤秀今天戴眼镜了吗？为什么？ → ～～～～～～～～～～～～～～～～～～～～

(2) 贤秀今天高兴吗？ → ～～～～～～～～～～～～～～～～～～～～

(3) 贤秀的眼镜是谁送给他的？ → ～～～～～～～～～～～～～～～～～～～～

(4) 贤秀要配一个什么样的眼镜？ → ～～～～～～～～～～～～～～～～～～～～

2 다음 문장을 읽어 보세요. 🎧 05-03

(1) 小英的自行车被摔坏了。 / 机票被落在宿舍了。

(2) 贤秀让朋友叫走了。 / 好多字让我念错了。

(3) 我的自行车叫贤秀骑走了。 / 那本书叫人借走了。

(4) 我一到北京就给你打电话。 / 我弟弟一上课就想睡觉。

(5) 他每天一下课就回家。 / 李小姐一有钱就买衣服。

(6) 不戴眼镜你能上课吗? / 不戴眼镜你能看清楚吗?

(7) 这件衣服便宜是便宜,就是有点儿大。 /
　　这件羽绒服漂亮是漂亮,就是太贵了。

写 Writing

1 한자를 병음으로 써 보세요.

(1) 镜 [　　　　　] (2) 摔 [　　　　　]

(3) 戴 [　　　　　] (4) 抄 [　　　　　]

(5) 赶 [　　　　　] (6) 坏 [　　　　　]

(7) 配 [　　　　　] (8) 倒 [　　　　　]

2 병음을 한자로 써 보세요.

(1) yǔfǎ [　　　　　] (2) fǔdǎo [　　　　　]

(3) gǎnjǐn [　　　　　] (4) chóuméi kǔliǎn [　　　　　]

3 병음으로 된 문장을 중국어 문장으로 바꾸어 보세요.

(1) Gǎnjǐn pèi yǎnjìng ba.

→ ~~~~~~

(2) Tā měitiān dōu gāogaoxìngxìng de huílái.

→ ~~~~~~

(3) Jīntiān yì chū lóumén jiù bèi yí ge rén zhuàngdǎo le.

→ ~~~~~~

(4) Jiùshì hǎoduō zì ràng wǒ chāocuò le.

→ ~~~~~~

4 문맥에 맞게 보기에서 적절한 단어를 고르세요.

(1) 对不起，我打(① 错 / ② 好)了电话。

(2) 昨天我给你发的E-mail你看(① 倒 / ② 到)了吗?

(3) 我的身体好多了，现在不(① 赶紧 / ② 要紧)了。

(4) 昨天她(① 叫 / ② 被)撞倒了。

(5) 今天我一下课(① 就 / ② 才)去配眼镜了。

5 문장의 틀린 부분을 바르게 고쳐 보세요.

(1) 我把机票丢。 →

(2) 我的风衣被朋友穿。 →

(3) 登机牌让丢了。 →

(4) 他很高兴对服务员说：
"谢谢你！" →

(5) 要考试了，我得买本书赶紧。 →

说 Speaking

1 다음 질문에 자유롭게 대답해 보세요.

(1) 你平时戴眼镜吗？

→

(2) 你每天都高高兴兴地回家吗？

→

(3) 考试考得不好，你会愁眉苦脸吗？

→

(4) 最近有没有让你愁眉苦脸的事儿？

→

听 Listening

1 녹음을 듣고 질문에 대한 답을 고르세요. 🎧 06-01

(1) ① 能   ② 不能

(2) ① 护照丢了   ② 忘带护照了

(3) ① 明白了   ② 还不明白

(4) ① 不想去考试   ② 怕复习不完

(5) ① 星期一   ② 星期三

2 녹음을 듣고 문장의 옳고 그름을 판단해 보세요. 🎧 06-02

(1) "我"和贤秀打算今天晚上去同学家吃饭。 ○ □   × □

(2) 贤秀6:30回不来，他还在学校呢。 ○ □   × □

(3) 贤秀的作业已经写完了，马上就回家。 ○ □   × □

(4) "我"要在家里等贤秀回来一起去同学家。 ○ □   × □

(5) "我"不太清楚同学家在哪儿。 ○ □   × □

1 보기에서 적절한 단어를 골라서 단문을 완성한 후, 아래 질문에 답해 보세요.

1 보기　　건议　　打算　　来不及　　回不来

> 我(　　)明天早上去上海，可是现在还没买机票。贤秀说现在买明天早上的飞机票恐怕(　　)了，他(　　)我买下午的。但是要是我明天下午去上海，后天我就(　　)了。后天我们学校还有考试呢！

(1) "我"想什么时候去上海？买票了吗？→ ～～～～～～～～～～～～～

(2) 贤秀有什么建议？　　　　　　　　→ ～～～～～～～～～～～～～

(3) 要是"我"明天去，后天能回来吗？→ ～～～～～～～～～～～～～

2 보기　　只要…就…　　不但…而且…　　一起　　有时

> 小英(　　)是我的好朋友，(　　)也是我的好老师。我们常常(　　)聊天，(　　)吃饭，她(　　)还帮我学习。(　　)我有弄不明白的语法，(　　)去问她，她都知道。

(1) "我"和小英常常在一起做什么？→ ～～～～～～～～～～～～～

(2) "我"常常问小英什么样的问题？→ ～～～～～～～～～～～～～

2 다음 문장을 읽어 보세요. 🎧 06-03

(1) 他听得懂中国朋友的话了。 / 我看得懂中国电影了。

(2) 他回不去家了。 / 他买不到机票了。

(3) 只要他来，我就来。 / 只要想吃，你就点吧。

(4) 现在出去，我怕做不完作业。 / 明天就要考试了，我怕复习不完。

(5) 现在复习还来得及。 / 现在出发已经来不及了。

(6) 别着急，我帮你拿钥匙。 / 别着急，我帮你辅导。

(7) 他起床起晚了。 / 老师上课来晚了。

写 Writing

1 한자를 병음으로 써 보세요.

(1) 及 [   ]   (2) 阅 [   ]

(3) 览 [   ]   (4) 末 [   ]

(5) 屋 [   ]   (6) 弄 [   ]

(7) 基 [   ]   (8) 内 [   ]

2 병음을 한자로 써 보세요.

(1) zháojí [   ]   (2) láidejí [   ]

(3) kèběn [   ]   (4) hòutiān [   ]

3 병음으로 된 문장을 중국어 문장으로 바꾸어 보세요.

(1) Wǒ bǎ yàoshi là zài wū li le.

→ ～～～～～～～～～～～～～～～～～～～～～～～～～～～～～～～～～～～～～～

(2) Wǒ gāngcái jìnbuqù wū le.

→ ～～～～～～～～～～～～～～～～～～～～～～～～～～～～～～～～～～～～～～

(3) Wǒ pà fùxí bu wán.

→ ～～～～～～～～～～～～～～～～～～～～～～～～～～～～～～～～～～～～～～

(4) Zhǐyào shì yǔfǎ wèntí, nǐ jiù dōu ná chūlái.

→ ～～～～～～～～～～～～～～～～～～～～～～～～～～～～～～～～～～～～～～

4 문맥에 맞게 보기에서 적절한 단어를 고르세요.

(1) 我们的时间还很多，现在走(① 来得及 / ② 来不及)。

(2) 我把钥匙丢了，家里也没有人，我(① 进得去 / ② 进不去)了。

(3) 还有三天才考试呢，你别着急，一定(① 复习得完 / ② 复习不完)。

(4) 别点太多的菜了，我们(① 吃得完 / ② 吃不完)。

(5) 今天我得复习语法，(① 怕 / ② 恐怕)不能跟你去买衣服了。

5 주어진 단어를 Ⓐ ~ Ⓓ 중 적절한 위치에 넣으세요.

(1) 我 Ⓐ 得早一点 Ⓑ 走，今天 Ⓒ 是周末，我 Ⓓ 堵车。　　　（怕）

(2) 别着急，Ⓐ 我一个星期 Ⓑ 一定 Ⓒ 回来 Ⓓ 。　　　（之内）

(3) 今天早上我 Ⓐ 起床 Ⓑ 起 Ⓒ 了 Ⓓ 。　　　（晚）

(4) Ⓐ 你喜欢 Ⓑ 吃，Ⓒ 就 Ⓓ 点吧。　　　（只要）

(5) 明天 Ⓐ 就要 Ⓑ 考试了，Ⓒ 你 Ⓓ 复习吧！　　　（赶紧）

6 문장의 틀린 부분을 바르게 고쳐 보세요.

(1) 又要考试了，我很恐怕考试。

→ ～～～～～～～～～～～～～～～～～～～～～～～～～～～～～～～～

(2) 这本书三天你看完吗？

→ ～～～～～～～～～～～～～～～～～～～～～～～～～～～～～～～～

(3) 只是他来，你就来吧！

→ ～～～～～～～～～～～～～～～～～～～～～～～～～～～～～～～～

(4) 今天晚上八点以前你回得来不来？

→ ～～～～～～～～～～～～～～～～～～～～～～～～～～～～～～～～

1 다음 질문에 자유롭게 대답해 보세요.

(1) 你今天上课来晚了吗?

→ 〜〜〜〜〜〜〜〜〜〜〜〜〜〜〜〜〜〜〜〜〜〜〜〜〜〜〜〜〜〜〜〜〜〜〜

(2) 你有忘带钥匙的经验吗?

→ 〜〜〜〜〜〜〜〜〜〜〜〜〜〜〜〜〜〜〜〜〜〜〜〜〜〜〜〜〜〜〜〜〜〜〜

(3) 你如果忘带钥匙,进不去屋,会怎么办?

→ 〜〜〜〜〜〜〜〜〜〜〜〜〜〜〜〜〜〜〜〜〜〜〜〜〜〜〜〜〜〜〜〜〜〜〜

(4) 你如果忘带作业,会怎么办?

→ 〜〜〜〜〜〜〜〜〜〜〜〜〜〜〜〜〜〜〜〜〜〜〜〜〜〜〜〜〜〜〜〜〜〜〜

听 Listening

1 녹음을 듣고 질문에 대한 답을 고르세요. 🎧 07-01

(1) ① 很好   ② 不太好

(2) ① 苏州和上海   ② 苏州、杭州和上海

(3) ① 喜欢   ② 不喜欢

(4) ① 很好   ② 不太好

(5) ① 才来   ② 早就来了

2 녹음을 듣고 문장의 옳고 그름을 판단해 보세요. 🎧 07-02

(1) "我"觉得在中国过新年非常好玩儿。   ○ ☐   ✕ ☐

(2) 除了中国学生以外，"我们"的晚会没有别的国家的学生。   ○ ☐   ✕ ☐

(3) "我"和别的同学玩得非常愉快。   ○ ☐   ✕ ☐

(4) 除了"我们班"的同学以外，"我"不认识别的班的同学。   ○ ☐   ✕ ☐

(5) 这次晚会，"我"有很多收获。   ○ ☐   ✕ ☐

1 보기에서 적절한 단어를 골라서 단문을 완성한 후, 아래 질문에 답해 보세요.

> 보기   第   最   着   除了…以外…   越来越

> 已经到了二月了，现在北京(　　　)暖和了。(　　　)早上和晚上(　　　)，我都不穿羽绒服。这是我(　　　)三次来北京，我第一次和第二次来都是冬天，北京很冷。(　　　)冷的时候是一月。那个时候，每个人都穿(　　　)羽绒服。

(1) 现在北京是几月？很冷吗？

　→ ～～～～～～～～～～～～～～～～～～～～～～～～～～～～～～～～～

(2) "我"来北京几次了？

　→ ～～～～～～～～～～～～～～～～～～～～～～～～～～～～～～～～～

(3) 北京最冷的时候是几月？

　→ ～～～～～～～～～～～～～～～～～～～～～～～～～～～～～～～～～

(4) 最冷的时候，北京人穿什么衣服？

　→ ～～～～～～～～～～～～～～～～～～～～～～～～～～～～～～～～～

2 다음 문장을 읽어 보세요. 🎧 07-03

(1) 除了汉语以外，我们还学习日语。 / 除了杭州以外，我们还去苏州。

(2) 除了听音乐以外，我们还看电影。 / 除了去邮局以外，我们还去银行。

(3) 我觉得汉语的发音比较难。 / 我觉得日语比较容易。

(4) 看样子他是中国人。 / 看样子她不想去唱歌。

(5) 他们俩都不喜欢锻炼身体。 / 我们俩都觉得汉语越学越有意思。

(6) 妹妹越来越漂亮了。 / 弟弟越来越高了。

(7) 这几天天气越来越冷了。 / 最近天气越来越暖和了。

写 Writing

1 한자를 병음으로 써 보세요.

(1) 最 _____   (2) 获 _____

(3) 思 _____   (4) 俩 _____

(5) 越 _____   (6) 除 _____

(7) 较 _____   (8) 特 _____

2 병음을 한자로 써 보세요.

(1) jìnbù _____   (2) shōuhuò _____

(3) tōngguò _____   (4) róngyì _____

3 병음으로 된 문장을 중국어 문장으로 바꾸어 보세요.

(1) Nǐmen liǎ juéde Hànyǔ nán ma?

→ ～～～～～～～～～～～～～～～～～～～～～～～～～～～～～～～

(2) Nǐ bú shì pà yǔfǎ kǎobuhǎo ma?

→ ～～～～～～～～～～～～～～～～～～～～～～～～～～～～～～～

(3) Wǒ juéde Hànyǔ yuè xué yuè yǒu yìsi.

→ ～～～～～～～～～～～～～～～～～～～～～～～～～～～～～～～

(4) Wǒmen de Hànyǔ bǐ lái de shíhou hǎo duō le.

→ ～～～～～～～～～～～～～～～～～～～～～～～～～～～～～～～

4 문맥에 맞게 보기에서 적절한 단어를 고르세요.

(1) 除了喜欢学习汉语以外，我(① 都 / ② 还)喜欢旅行。

(2) 贤秀，看样子，你这次(① 考试 / ② 考)得不错。

(3) 来，(① 给 / ② 为)我们的进步干杯!

(4) 多情，(① 刚 / ② 刚才)马林给你打电话了。

(5) 贤秀，明天咱们(① 俩 / ② 两)一起复习语法吧!

5 주어진 단어를 Ⓐ ~ Ⓓ 중 적절한 위치에 넣으세요.

(1) Ⓐ 在这里，除了 Ⓑ 李老师以外，Ⓒ 老师我都 Ⓓ 不认识。 （别的）

(2) 多情，Ⓐ 你在楼下 Ⓑ 等我一会儿，Ⓒ 我 Ⓓ 起床。 （刚）

(3) Ⓐ 在这个公司工作 Ⓑ 会 Ⓒ 辛苦 Ⓓ 。 （比较）

(4) 你 Ⓐ 知道吗？我 Ⓑ 认识了 Ⓒ 我们学校 Ⓓ 帅的同学。 （最）

(5) Ⓐ 我 Ⓑ 很喜欢吃杭州菜，Ⓒ 是西湖醋鱼 Ⓓ 。 （特别）

说 Speaking

1 다음 질문에 자유롭게 대답해 보세요.

(1) 平时除了学习汉语以外，你还做什么？

　→ _____

(2) 你学习汉语多长时间了？你觉得你的进步大吗？

　→ _____

(3) 你觉得学习汉语难吗？什么地方最难？发音还是语法？

　→ _____

(4) 你打算考HSK吗？你想考几级？

　→ _____

08 과

听 Listening

1 녹음을 듣고 질문에 대한 답을 고르세요. 🎧 08-01

(1) ① 认识了很多朋友　　　② 了解了很多地方

(2) ① 马上　　　　　　　　② 两个星期以后

(3) ① 只听懂了一些　　　　② 很简单，都听懂了

(4) ① 已经好了　　　　　　② 还要休息

(5) ① 不但聪明而且漂亮　　② 只要聪明就可以了

念 Reading

1 다음 문장을 읽어 보세요. 🎧 08-02

(1) 他不但喜欢唱歌，而且还喜欢跳舞。

(2) 不但他们没吃过中国菜，而且我们也没吃过中国菜。

(3) 无论你来不来，我们都去唱歌。

(4) 飞机比火车快。 / 火车不比飞机快。

(5) 他比我说得好。 / 他比我写得快。

(6) 他说得比我好。 / 他写得比我快。

(7) 他们排了半个小时队。 / 妹妹唱了十分钟歌。

(8) 我的自行车被摔坏了。 / 作业被落在宿舍了。

(9) 我听得懂汉语。 / 他听不懂汉语。

(10) 天气越来越冷了。 / 汉语越学越有意思。

写 Writing

1 한자를 병음으로 써 보세요.

(1) 暖   (2) 恐

(3) 演   (4) 戴

(5) 阅   (6) 获

(7) 聪   (8) 丰

2 병음을 한자로 써 보세요.

(1) jiǎndān   (2) jiéshù

(3) liúxué   (4) wǎngfǎn

3 병음으로 된 문장을 중국어 문장으로 바꾸어 보세요.

(1) Shíjiān guò de zhēn kuài.

→ ～～

(2) Zhè liǎng ge dìfang fēngjǐng hěn měi.

→ ～～

(3) Tā gěi le wǒmen hěn dà bāngzhù.

→ ～～

(4) Tāmen zhǐ néng shuō jiǎndān de Hànyǔ.

→ ～～

4 문맥에 맞게 보기에서 적절한 단어를 고르세요.

(1) 复习了好几次，我才(① 把 / ② 被)这个语法弄明白。

(2) (① 刚 / ② 刚才)我坐出租车的时候，把书落在车上了。

(3) 小英，昨天的京剧(① 怎么 / ② 怎么样)，有意思吗?

(4) 今天我不去看京剧了，我(① 恐怕 / ② 怕)听不懂。

(5) 今天买票的人很少，我(① 就 / ② 才)排了十分钟的队。

(6) 多情，你去买书的时候(① 随便 / ② 顺便)帮我寄一封信吧。

(7) (① 只要 / ② 只是)是小吃，我就喜欢。

(8) 我还是觉得北京的风景(① 比 / ② 比较)漂亮。

5 다음 문장을 부정문과 의문문으로 바꾸어 보세요.

(1) 多情这次考试比我考得好。

〔부정문〕 ～～～～～～～～～～～～～～～～～～～～～～～～～～～～～～

〔의문문〕 ～～～～～～～～～～～～～～～～～～～～～～～～～～～～～～

(2) 我已经跟朋友约好去看电影了。

〔부정문〕 ～～～～～～～～～～～～～～～～～～～～～～～～～～～～～～

〔의문문〕 ～～～～～～～～～～～～～～～～～～～～～～～～～～～～～～

(3) 星期三她把机票给小英了。

〔부정문〕 ～～～～～～～～～～～～～～～～～～～～～～～～～～～～～～

〔의문문〕 ～～～～～～～～～～～～～～～～～～～～～～～～～～～～～～

(4) 贤秀的自行车被别的朋友借走了。

〔부정문〕 ～～～～～～～～～～～～～～～～～～～～～～～～～～～～～～

〔의문문〕 ～～～～～～～～～～～～～～～～～～～～～～～～～～～～～～

(5) 这本书三天你一定看得完。

〔부정문〕 ～～～～～～～～～～～～～～～～～～～～～～～～～～～～～～

〔의문문〕 ～～～～～～～～～～～～～～～～～～～～～～～～～～～～～～

1 다음 질문에 주어진 단어를 넣어 대답해 보세요.

(1) 学习汉语的时候，你觉得语法难还是发音难？ ("比"를 이용하여 대답하세요.)

→ _____

(2) 你觉得语法课有意思还是口语课有意思？ ("没有"를 이용하여 대답하세요.)

→ _____

(3) 你觉得最近你的汉语有进步吗？ ("越来越"를 이용하여 대답하세요.)

→ _____

(4) 你来学校的时候堵车还是回家的时候堵车？ ("无论…都"를 이용하여 대답하세요.)

→ _____

听 Listening

1 녹음을 듣고 질문에 대한 답을 고르세요. 🎧 09-01

(1) ① 西藏　　　　　　　　② 不知道

(2) ① 风景独特　　　　　　② 是个名胜古迹

(3) ① 回国　　　　　　　　② 不回国

(4) ① 坐飞机　　　　　　　② 坐汽车

(5) ① 学习　　　　　　　　② 工作

2 녹음을 듣고 문장의 옳고 그름을 판단해 보세요. 🎧 09-02

(1) "我"和多情想去西藏玩儿。　　　　　　　　○ □　　× □

(2) 不坐汽车是因为"我们"没有时间。　　　　　○ □　　× □

(3) "我们"听说西藏的风景跟中国其他地方
　　不一样。　　　　　　　　　　　　　　　○ □　　× □

(4) 小英毕业了，在一个公司找到了工作。　　　○ □　　× □

(5) 小英去公司工作是为了以后找工作更容易
　　一点儿。　　　　　　　　　　　　　　　○ □　　× □

1 보기에서 적절한 단어를 골라서 단문을 완성한 후, 아래 질문에 답해 보세요.

보기	结束	打算	利用	只是
	跟	听说	就要	商量

昨天我(　　)我的同屋(　　)了一下，我们想(　　)这个假期
到中国各地玩儿玩儿，因为这个学期(　　)以后，我们(　　)回国
了。(　　)中国很多地方都很漂亮。我们真想多去几个地方，(　　)
没有那么多时间。我们(　　)放了假以后马上就走。

(1) "我" 跟谁商量什么事?

　→

(2) 这个学期结束以后 "我们" 要做什么?

　→

(3) 为什么 "我们" 不能去很多地方?

　→

(4) "我们" 什么时候走?

　→

2 다음 문장을 읽어 보세요. 🎧 09-03

(1) 我跟你去看电影。 / 他跟朋友出去了。

(2) 我不跟你去看电影了。 / 他不跟你见面。

(3) 我跟他不认识。 / 他跟我不在一个班。

(4) 他们经济上没有什么困难。 / 弟弟学习上没有什么大问题。

(5) 我想先积累一些经验。 / 我想先买一些礼物。

(6) 我只是觉得汉语的发音有点儿难。 / 我只是觉得有点儿热。

(7) 那里的风景很独特，应该去看看。 / 那里的菜很好吃，应该去吃吃。

写 Writing

1 한자를 병음으로 써 보세요.

(1) 利 　　　　　　　　　(2) 藏

(3) 虑 　　　　　　　　　(4) 极

(5) 联 　　　　　　　　　(6) 济

(7) 积 　　　　　　　　　(8) 毕

2 병음을 한자로 써 보세요.

(1) zhòngyào 　　　　　　(2) shìjiè

(3) wúliáo 　　　　　　　(4) jīngyàn

3 병음으로 된 문장을 중국어 문장으로 바꾸어 보세요.

(1) Zuótiān wǒ hé Lǐ Xiánxiù yě zài shāngliang zhè jiàn shì.

→ ＿＿＿＿＿＿＿＿＿＿＿＿＿＿＿＿＿＿＿＿＿＿＿＿

(2) Xīzàng shì ge hǎo dìfang, fēngjǐng hěn dútè.

→ ＿＿＿＿＿＿＿＿＿＿＿＿＿＿＿＿＿＿＿＿＿＿＿＿

(3) Wǒ zhèngzài liánxì jǐ jiā gōngsī.

→ ＿＿＿＿＿＿＿＿＿＿＿＿＿＿＿＿＿＿＿＿＿＿＿＿

(4) Wǒ xiǎng nǐ háishi bié huíqù le.

→ ＿＿＿＿＿＿＿＿＿＿＿＿＿＿＿＿＿＿＿＿＿＿＿＿

4 문맥에 맞게 보기에서 적절한 단어를 고르세요.

(1) 要放假了，你有什么(① 打算 / ② 经验)？

(2) 我想(① 坐 / ② 用)飞机去西藏。

(3) 你(① 给 / ② 跟)谁一起走？

(4) 我们明天不上课，你(① 呢 / ② 吗)？

(5) 你经济(① 下 / ② 上)有什么问题吗？

5 주어진 단어를 Ⓐ ~ Ⓓ 중 적절한 위치에 넣으세요.

(1) 我 Ⓐ 没想 Ⓑ 好，Ⓒ 要不要去 Ⓓ 旅行。 （还）

(2) Ⓐ 他们已经 Ⓑ 没有 Ⓒ 问题了，明天 Ⓓ 可以出发了。 （什么）

(3) Ⓐ 你 Ⓑ 别去公园了，Ⓒ 今天 Ⓓ 天气不太好。 （还是）

(4) 他 Ⓐ 小的时候 Ⓑ 常常 Ⓒ 我 Ⓓ 一起玩儿。 （跟）

(5) 昨天 Ⓐ 我 Ⓑ 去他家的时候，Ⓒ 他 Ⓓ 打电话。 （正在）

说 Speaking

1 다음 질문에 자유롭게 대답해 보세요.

(1) 你去过西藏吗？你是怎么去的？

　　→ ～～～～～～～～～～～～～～～～～～～～～～～～～～～

(2) 假期你一般做什么？

　　→ ～～～～～～～～～～～～～～～～～～～～～～～～～～～

(3) 你觉得在毕业以前，先去公司打工，对找工作有帮助吗？

　　→ ～～～～～～～～～～～～～～～～～～～～～～～～～～～

(4) 你以前在公司打过工吗？

　　→ ～～～～～～～～～～～～～～～～～～～～～～～～～～～

•听 Listening

1 녹음을 듣고 질문에 대한 답을 고르세요. 🎧 10-01

(1) ① 能去   ② 不能去

(2) ① 210元   ② 90元

(3) ① 不想去   ② 没有时间

(4) ① 在教室里   ② 不在教室里

(5) ① 会   ② 不会

2 녹음을 듣고 문장의 옳고 그름을 판단해 보세요. 🎧 10-02

(1) "我们"不想去西藏了。   ○ ☐   ✕ ☐

(2) 贤秀的爸爸、妈妈是来北京参观名胜古迹的。 ○ ☐   ✕ ☐

(3) 贤秀想陪爸爸、妈妈去很多地方。   ○ ☐   ✕ ☐

(4) 他们打算去商场买很多东西。   ○ ☐   ✕ ☐

(5) 现在商场的东西很便宜。   ○ ☐   ✕ ☐

1 보기에서 적절한 단어를 골라서 단문을 완성한 후, 아래 질문에 답해 보세요.

> 보기
>
> 如果…就…　　看来　　反正　　参观
>
> 不是…而是…　　打折　　来着　　陪

> 　　　听说很多商店在搞促销活动，大部分商品都（　　　），我们约了小英一起去看看。现在已经十点多了，（　　　）她来不了了，昨天她还说一定去（　　　）。我们给她打了一个电话，她说，（　　　）她不想去，（　　　）刚刚来了一个朋友，她今天要（　　　）朋友（　　　）一下儿名胜古迹，她说（　　　）我们明天去，她（　　　）可以和我们一起去了。（　　　）我们也不着急，就等等她吧。

(1) "我们"约小英去做什么，为什么？

　→ ～～～～～～～～～～～～～～～～～～～～～～～～～～～

(2) 小英同意和"我们"一起去了吗？

　→ ～～～～～～～～～～～～～～～～～～～～～～～～～～～

(3) 小英为什么不能去？

　→ ～～～～～～～～～～～～～～～～～～～～～～～～～～～

(4) "我们"去了吗？为什么？

　→ ～～～～～～～～～～～～～～～～～～～～～～～～～～～

2 다음 문장을 읽어 보세요. 🎧 10-03

(1) 如果有时间，就带他们去参观一下。 / 如果打车去，就快一些。

(2) 如果明天下雨，就不爬山了。 / 如果想看电影，就七点来。

(3) 天气很好，雨下不了了。 / 东西太多，拿不了了。

(4) 这些菜，他都吃得了。 / 这些东西，我都拿得了。

(5) 她不是我女朋友，而是我妹妹。 /
他不是坐公共汽车来的，而是打的来的。

(6) 放假以后你有什么打算？ / 去中国以后你有什么打算？

(7) 他不喜欢旅行吗？ / 你爸爸不喜欢吃中国菜吗？

写 Writing

1 한자를 병음으로 써 보세요.

(1) 促 ⬜

(2) 呗 ⬜

(3) 游 ⬜

(4) 顺 ⬜

(5) 场 ⬜

(6) 廉 ⬜

(7) 功 ⬜

(8) 搞 ⬜

2 병음을 한자로 써 보세요.

(1) zhìliàng ☐

(2) tuījiàn ☐

(3) cùxiāo ☐

(4) wùměi jiàlián ☐

3 병음으로 된 문장을 중국어 문장으로 바꾸어 보세요.

(1) Dōngxi hěn piányi, zhìliàng yě hěn hǎo.

→ ~~~~~~~~~~~~~~~~~~~~~~~~~~~~~~~~~~~~~

(2) Wǒmen qùbuliǎo le.

→ ~~~~~~~~~~~~~~~~~~~~~~~~~~~~~~~~~~~~~

(3) Xiànzài zhèngzài gǎo cùxiāo huódòng.

→ ~~~~~~~~~~~~~~~~~~~~~~~~~~~~~~~~~~~~~

(4) Guò liǎng tiān tāmen yào lái Běijīng.

→ ~~~~~~~~~~~~~~~~~~~~~~~~~~~~~~~~~~~~~

4 주어진 단어를 Ⓐ ~ Ⓓ 중 적절한 위치에 넣으세요.

(1) 如果你 Ⓐ 有时间，Ⓑ 应该 Ⓒ 多 Ⓓ 陪陪爸爸妈妈。 (就)

(2) Ⓐ 我们说 Ⓑ 他的时候，Ⓒ 他 Ⓓ 来了。 (正好)

(3) 这菜太 Ⓐ 辣了，你 Ⓑ 看他 Ⓒ 吃 Ⓓ 得了吗? (能)

(4) 她 Ⓐ 长得 Ⓑ 很年轻，Ⓒ 看起来 Ⓓ 有二十几岁。 (只)

(5) 他为什么 Ⓐ 跟我们 Ⓑ 一起 Ⓒ 去 Ⓓ 看电影呢? (不)

1 다음 질문에 자유롭게 대답해 보세요.

(1) 你常陪妈妈去商场吗?

➡

(2) 你常陪爸爸、妈妈去旅行吗?

➡

(3) 商场什么时候打折的商品最多?

➡

(4) 打折的商品质量好不好?

➡

听 Listening

1 녹음을 듣고 질문에 대한 답을 고르세요. 🎧 11-01

(1) ① 聊天儿 　　　　　② 收发邮件

(2) ① 不太高 　　　　　② 不知道

(3) ① 认识一个人 　　　② 都不认识

(4) ① 喜欢 　　　　　　② 不喜欢

(5) ① 体育活动 　　　　② 不知道

2 녹음을 듣고 문장의 옳고 그름을 판단해 보세요. 🎧 11-02

(1) 小英爱好上网，每天上网两个小时。　　　○ ☐　　× ☐

(2) 小英觉得在网上什么都可以做。　　　　　○ ☐　　× ☐

(3) 贤秀不会画中国画。　　　　　　　　　　○ ☐　　× ☐

(4) 贤秀房间里挂着一幅中国画。　　　　　　○ ☐　　× ☐

(5) "我"以前没有看电影的爱好。　　　　　　○ ☐　　× ☐

1 보기에서 적절한 단어를 골라서 단문을 완성한 후, 아래 질문에 답해 보세요.

보기   感兴趣   最近   不怎么   放松
新   一边…一边…   爱好   主要

以前我（   ）去喝酒，但是（   ）我工作很忙，我很想去（   ）一下儿。我对唱歌比较（   ），这是我的一个（   ）。我约了小英一起去唱歌，我们（   ）喝酒（   ）唱歌。原来我一首中国歌也不会唱，来中国以后学了很多中国歌，那天我们（   ）是唱中国歌，小英还教了我几首（   ）的中国歌。

(1) 以前"我"经常喝酒吗？

→ ～～～～～～～～～～～～～～～～～～～～～～～～～～～～～

(2)"我们"为什么去唱歌？

→ ～～～～～～～～～～～～～～～～～～～～～～～～～～～～～

(3) 来中国以前"我"会唱中国歌吗？

→ ～～～～～～～～～～～～～～～～～～～～～～～～～～～～～

(4) 那天"我们"唱了什么歌？

→ ～～～～～～～～～～～～～～～～～～～～～～～～～～～～～

2 다음 문장을 읽어 보세요. 🎧 11-03

(1) 饭不怎么热。 / 衣服不怎么大。

(2) 他不怎么会写汉字。 / 他不怎么上网。

(3) 我一次也没吃过烤鸭。 / 这部电影我一次也没看过。

(4) 黑板上写着几个字。 / 桌子上摆着一盆花。

(5) 我对学习汉语很感兴趣。 / 他们对中国电影一点儿也不感兴趣。

(6) 中国画我一点儿都不会画。 / 这些书我一本也没看过。

(7) 我一点儿都不想喝啤酒。 / 我一点儿都不想吃中国菜。

写 Writing

1 한자를 병음으로 써 보세요.

(1) 络 [ ]　　(2) 各 [ ]

(3) 种 [ ]　　(4) 猜 [ ]

(5) 挂 [ ]　　(6) 幅 [ ]

(7) 活 [ ]　　(8) 感 [ ]

2 병음을 한자로 써 보세요.

(1) xìngqù [ ]　　(2) xīnwén [ ]

(3) fàngsōng [ ]　　(4) tǐyù [ ]

3 병음으로 된 문장을 중국어 문장으로 바꾸어 보세요.

(1) Wǒ juéde wǎng shang shénme dōu yǒu.

→ ～～～～～～～～～～～～～～～～～～～～～～～～～～～～～～～～～～

(2) Lái Zhōngguó yǐhòu, wǒ yòu yǒu le yí ge xīn de àihào.

→ ～～～～～～～～～～～～～～～～～～～～～～～～～～～～～～～～～～

(3) Wǒ yìdiǎnr yě bù xǐhuan huà huàr.

→ ～～～～～～～～～～～～～～～～～～～～～～～～～～～～～～～～～～

(4) Wǒmen yīnggāi fàngsōng yíxiàr.

→ ～～～～～～～～～～～～～～～～～～～～～～～～～～～～～～～～～～

4 문장의 틀린 부분을 바르게 고쳐 보세요.

(1) 她的男朋友帅。　　　　　→ ～～～～～～～～～～～～～～～～～～

(2) 纸上写几个人的名字。　　→ ～～～～～～～～～～～～～～～～～～

(3) 我们都很感兴趣体育活动。→ ～～～～～～～～～～～～～～～～～～

(4) 椅子上坐着李老师。　　　→ ～～～～～～～～～～～～～～～～～～

1 다음 질문에 자유롭게 대답해 보세요.

(1) 你喜欢上网吗? 你上网做什么?

→ ～～～～～～～～～～～～～～～～～～～～～～～～～～～～～

(2) 你有什么爱好? 谈谈你的爱好。

→ ～～～～～～～～～～～～～～～～～～～～～～～～～～～～～

(3) 周末你是怎么放松自己的?

→ ～～～～～～～～～～～～～～～～～～～～～～～～～～～～～

(4) 你喜欢看电影吗? 喜欢什么样儿的电影?

→ ～～～～～～～～～～～～～～～～～～～～～～～～～～～～～

听 Listening

1 녹음을 듣고 질문에 대한 답을 고르세요. 🎧 12-01

(1) ① 打乒乓球　　　　　　② 游泳

(2) ① 不到二十分钟　　　　② 二十分钟或更多

(3) ① 都认识　　　　　　　② 一个也不认识

(4) ① 是　　　　　　　　　② 不是

(5) ① 又好看又便宜　　　　② 不好看但是很便宜

2 녹음을 듣고 문장의 옳고 그름을 판단해 보세요. 🎧 12-02

(1) 各种体育运动"我"都会。　　　　　　○ ☐　　× ☐

(2) 最近"我"常常运动。　　　　　　　　○ ☐　　× ☐

(3) "我"越来越胖了。　　　　　　　　　○ ☐　　× ☐

(4) "我"认为减肥最有效的办法是游泳。　○ ☐　　× ☐

(5) "我"每个星期至少游泳三次。　　　　○ ☐　　× ☐

1 보기에서 적절한 단어를 골라서 단문을 완성한 후, 아래 질문에 답해 보세요.

> 보기
>
> 坚持　　　一天比一天　　　达到
>
> 既…又…　　　运动

天气(　　)暖和了，我们也应该出去(　　)一下了。去爬爬山、打打球都不错，(　　)可以锻炼身体(　　)可以认识很多朋友。但是做什么运动都应该(　　)，这样才能(　　)锻炼的目的。这里的山没有我没爬过的。下一次我要去一个远一点儿的。

---

(1) "我"为什么觉得应该出去运动一下儿了？

　→ ～～～～～～～～～～～～～～～～～～～～～～～～～～～～～～～～

(2) "我"觉得可以做什么运动？

　→ ～～～～～～～～～～～～～～～～～～～～～～～～～～～～～～～～

(3) "我"认为运动有什么好处？

　→ ～～～～～～～～～～～～～～～～～～～～～～～～～～～～～～～～

(4) 为什么"我"想去远一点儿的地方爬山？

　→ ～～～～～～～～～～～～～～～～～～～～～～～～～～～～～～～～

2 다음 문장을 읽어 보세요. 🎧 12-03

(1) 她既会洗衣服又会做饭。 / 地铁既方便又便宜。

(2) 去商店或者去公园都行。 / 穿裙子或者穿裤子都可以。

(3) 贤秀去或者小英去都没关系。 / 房间里的人站着或者坐着都行。

(4) 那只小狗既小又可爱。 / 上下班高峰时间坐公共汽车既堵车又不方便。

(5) 他们一个比一个聪明。 / 他们一个比一个跑得快。

(6) 他不是不想去。 / 他不会不去的。

(7) 我没有不喜欢的运动。 / 弟弟没有不吃的。

写 Writing

1 한자를 병음으로 써 보세요.

(1) 胖   (2) 既

(3) 遇   (4) 式

(5) 至   (6) 冠

(7) 坚   (8) 吹

2 병음을 한자로 써 보세요.

(1) jīngshen   (2) dádào

(3) pīngpāngqiú   (4) yìyán wéidìng

3 병음으로 된 문장을 중국어 문장으로 바꾸어 보세요.

(1) Wǒ rènwéi zuì yǒuxiào de yùndòng fāngshì shì yóuyǒng.

→

(2) Zhēn liǎobuqǐ, nà jiù yìyán wéidìng le!

→

(3) Yóuyǒng jì kěyǐ duànliàn shēntǐ yòu kěyǐ jiǎnféi.

→

(4) Shénme shíhou wǒmen bǐsài yíxià.

→

4 문맥에 맞게 보기에서 적절한 단어를 고르세요.

(1) 我(① 既 / ② 即)不知道他叫什么名字，又不知道他住在哪儿，怎么能 找到他呢？

(2) 已经和他约好了，他不会(① 又 / ② 不)来的。

(3) 他是"中国通"，中国的事情(① 有 / ② 没有)不知道的。

(4) 今天的作业很多，(① 至少 / ② 最多)要做两个小时。

(5) 现在我们的课文一课(① 比 / ② 比较)一课难了。

1 다음 질문에 자유롭게 대답해 보세요.

(1) 你喜欢什么运动？为什么？

　　➡ ‿‿‿‿‿‿‿‿‿‿‿‿‿‿‿‿‿‿‿‿‿‿‿‿‿‿‿‿‿‿‿‿

(2) 你多长时间运动一次？

　　➡ ‿‿‿‿‿‿‿‿‿‿‿‿‿‿‿‿‿‿‿‿‿‿‿‿‿‿‿‿‿‿‿‿

(3) 你认识的人里有需要减肥的人吗？

　　➡ ‿‿‿‿‿‿‿‿‿‿‿‿‿‿‿‿‿‿‿‿‿‿‿‿‿‿‿‿‿‿‿‿

(4) 你觉得什么减肥方式最有效？

　　➡ ‿‿‿‿‿‿‿‿‿‿‿‿‿‿‿‿‿‿‿‿‿‿‿‿‿‿‿‿‿‿‿‿

● **听** Listening

1 녹음을 듣고 질문에 대한 답을 고르세요. 🎧 13-01

(1) ① 喜欢　　　　　　　　② 工资高

(2) ① 收入　　　　　　　　② 兴趣

(3) ① 聊天儿　　　　　　　② 喝茶

(4) ① 如果电影更有意思就去看　② 无论电影有没有意思都不想看

(5) ① 英东有很多钱　　　　② 英东不是很有钱

2 녹음을 듣고 문장의 옳고 그름을 판단해 보세요. 🎧 13-02

(1) 小英到翻译公司打工了。　　　　　　　○ □　　× □

(2) "我们" 常去小英那儿玩儿。　　　　　　○ □　　× □

(3) 小英工作很忙，周末也不休息。　　　　○ □　　× □

(4) 小英的理想是做翻译。　　　　　　　　○ □　　× □

(5) 工作很累，但是小英觉得很快乐。　　　○ □　　× □

1 보기에서 적절한 단어를 골라서 단문을 완성한 후, 아래 질문에 답해 보세요.

보기

有的是　　　死　　　连　　　再
说真的　　　快乐　　　因为

> 　　我现在放假了，（　　　）时间去玩儿。（　　　）我非常喜欢游泳，所以我每天游泳就要三个小时。（　　　），真没想到我也能学会游泳，以前我（　　　）看到水都会害怕，贤秀教我学会游泳的时候我高兴（　　　）了，现在能和朋友们一起游泳，我觉得很（　　　），我想以后就是工作（　　　）忙，我也要坚持。

(1) "我"为什么有时间玩儿？

➜ 〰〰〰〰〰〰〰〰〰〰〰〰〰〰〰〰〰〰〰〰〰〰〰〰〰

(2) 为什么说"真没想到我也能学会游泳"？

➜ 〰〰〰〰〰〰〰〰〰〰〰〰〰〰〰〰〰〰〰〰〰〰〰〰〰

(3) 是谁教会"我"游泳的？

➜ 〰〰〰〰〰〰〰〰〰〰〰〰〰〰〰〰〰〰〰〰〰〰〰〰〰

(4) 在游泳方面，"我"有什么打算？

➜ 〰〰〰〰〰〰〰〰〰〰〰〰〰〰〰〰〰〰〰〰〰〰〰〰〰

2 다음 문장을 읽어 보세요. 🎧 13-03

(1) 因为天冷，所以他穿了很多衣服。 /
    因为一天比一天胖，所以我要多运动。

(2) 因为下雨，所以我没能去爬山。 / 因为生病了，所以不能去上班。

(3) 我们家连妈妈都不喜欢他。 / 这个汉字连小英都不认识。

(4) 他连吃饭的钱都没有。 / 他连京酱肉丝都没吃过。

(5) 这件事麻烦死了。 / 现在已经下午两点了，我们都饿死了。

(6) 汉语再难也要学。 / 作业再多也要做。

(7) 工作太多了，周末再累也不能休息。 / 我再渴也不想喝饮料。

写 Writing

1 한자를 병음으로 써 보세요.

(1) 饱 [ ]　(2) 死 [ ]

(3) 以 [ ]　(4) 光 [ ]

(5) 连 [ ]　(6) 需 [ ]

(7) 翻 [ ]　(8) 值 [ ]

2 병음을 한자로 써 보세요.

(1) pīnmìng   ☐   (2) zhíyè   ☐

(3) gōngzī   ☐   (4) dàoli   ☐

3 병음으로 된 문장을 중국어 문장으로 바꾸어 보세요.

(1) Chībubǎo chuānbunuǎn, zài yǒu xìngqù yě bù xíng.

  → 〰〰〰〰〰〰〰〰〰〰〰〰〰〰〰〰〰〰〰〰〰〰〰〰

(2) Tā zài yì jiā fānyì gōngsī gōngzuò.

  → 〰〰〰〰〰〰〰〰〰〰〰〰〰〰〰〰〰〰〰〰〰〰〰〰

(3) Fǎnzhèng shì dǎ gōng, bié tài pīnmìng le.

  → 〰〰〰〰〰〰〰〰〰〰〰〰〰〰〰〰〰〰〰〰〰〰〰〰

(4) Wǒ lián zhōumò dōu bù néng xiūxi.

  → 〰〰〰〰〰〰〰〰〰〰〰〰〰〰〰〰〰〰〰〰〰〰〰〰

4 주어진 단어를 Ⓐ ~ Ⓓ 중 적절한 위치에 넣으세요.

(1) Ⓐ你 Ⓑ不要 Ⓒ吃饭，多 Ⓓ吃一点儿菜。   （光）

(2) Ⓐ你今晚 Ⓑ就 Ⓒ别回家了，Ⓓ我家有的是地方住。   （反正）

(3) 再困难 Ⓐ我们 Ⓑ要 Ⓒ坚持下去，Ⓓ不能放弃。   （也）

(4) Ⓐ我 Ⓑ去找他 Ⓒ的时候，他 Ⓓ出去了。   （正好）

(5) 在家 Ⓐ做 Ⓑ饭麻烦 Ⓒ了，我们 Ⓓ出去吃吧。   （死）

1 다음 질문에 자유롭게 대답해 보세요.

(1) 你爸爸、妈妈是做什么工作的?

→

(2) 他们喜欢自己的工作吗? 为什么?

→

(3) 你的理想职业是什么?

→

(4) 你觉得怎么才可以找到一个理想的工作呢?

→

14 과

听 Listening

1 녹음을 듣고 질문에 대한 답을 고르세요. 🎧 14-01

(1) ① 去医院看多情　　　　② 去医院看病

(2) ① 没时间　　　　　　　② 不想去

(3) ① 买了　　　　　　　　② 没买

(4) ① 贤秀去她就去　　　　② 贤秀去她就不去

(5) ① 起来晚了　　　　　　② 堵车

2 녹음을 듣고 문장의 옳고 그름을 판단해 보세요. 🎧 14-02

(1) 两天前小英身体不舒服，现在好了。　　○ ☐　　✕ ☐

(2) 小英一定要去公司上班。　　　　　　　○ ☐　　✕ ☐

(3) 小英因为工作太累，所以生病住院了。　○ ☐　　✕ ☐

(4) "我们"去医院看小英了。　　　　　　　○ ☐　　✕ ☐

(5) 小英的病很严重。　　　　　　　　　　○ ☐　　✕ ☐

1 보기에서 적절한 단어를 골라서 단문을 완성한 후, 아래 질문에 답해 보세요.

보기

| 严重 | 以为 | 透 | 关系 |
| 小心 | 就是…也 | 要不 | 都…了 |

> 最近我和小李的(　　)糟(　　)了，因为我不(　　)把他有过女朋友的事说出来了。开始的时候我(　　)只是开玩笑，过几天就没事儿了，没想到这么(　　)，(　　)他怎么这么长时间不来我这儿玩儿呢。(　　)一个星期(　　)，(　　)在路上遇到了，他(　　)不和我说话。

(1) "我"和小李怎么了？

　→ 〰〰〰〰〰〰〰〰〰〰〰〰〰〰〰〰〰〰〰〰〰〰〰〰〰〰〰

(2) 为什么会这样？

　→ 〰〰〰〰〰〰〰〰〰〰〰〰〰〰〰〰〰〰〰〰〰〰〰〰〰〰〰

(3) 这种情况有多长时间了？

　→ 〰〰〰〰〰〰〰〰〰〰〰〰〰〰〰〰〰〰〰〰〰〰〰〰〰〰〰

(4) 在路上遇到"我"的时候，他和"我"说话吗？

　→ 〰〰〰〰〰〰〰〰〰〰〰〰〰〰〰〰〰〰〰〰〰〰〰〰〰〰〰

2 다음 문장을 읽어 보세요. 🎧 14-03

(1) 都十二点了，咱们快去吃饭吧。 / 都下课了，你们怎么还不走呢？

(2) 大家都以为他是中国人。 / 我还以为你生病了呢。

(3) 他们非晚上去看电影不可。 / 我今天非吃中国菜不可。

(4) 你非去医院看大夫不可。 / 我的头发长了，我非去剪头发不可。

(5) 趁这个机会请你多吃吃。 / 趁这个机会请你多锻炼锻炼。

(6) 就是再难我也要学汉语。 / 就是再便宜我也不想买。

(7) 时间太晚了，就是你不想睡觉也要睡。 / 就是你不高兴我也要说。

写 Writing

1 한자를 병음으로 써 보세요.

(1) 敲   (2) 亏

(3) 脚   (4) 透

(5) 扭   (6) 冒

(7) 霉   (8) 严

2 병음을 한자로 써 보세요.

(1) jiǎnchá   (2) guānxi

(3) mǎdàhā   (4) méirì méiyè

3 병음으로 된 문장을 중국어 문장으로 바꾸어 보세요.

(1) Wǒ yòu wàngdài yàoshi le.

  → ~~~~~~

(2) Gǎnmào? Fā shāo? Háishi lā dùzi?

  → ~~~~~~

(3) Xià lóu shí bù xiǎoxīn bǎ jiǎo niǔ le.

  → ~~~~~~

(4) Chèn zhè ge jīhuì duō xiūxi xiūxi ba.

  → ~~~~~~

4 문맥에 맞게 보기에서 적절한 단어를 고르세요.

(1) 我(① 以为 / ② 认为)你们认识，就没给你们介绍。

(2) 我(① 以为 / ② 认为)你就应该这样做。

(3) 放假以后他(① 一天 / ② 整天)在家看电视。

(4) 你(① 看 / ② 看望)她在干什么呢?

(5) 在家里(① 或者 / ② 还是)去医院都行，就是别去上班了。

5 주어진 단어를 Ⓐ ~ Ⓓ 중 적절한 위치에 넣으세요.

(1) 你就是 Ⓐ 不告诉我，Ⓑ 我 Ⓒ 会 Ⓓ 去参加你的生日晚会的。 （也）

(2) 看来，他 Ⓐ 要 Ⓑ 做好 Ⓒ 这件事 Ⓓ 不可。 （非）

(3) Ⓐ 他 Ⓑ 帮助我们，所以 Ⓒ 谈判 Ⓓ 很顺利。 （多亏）

(4) Ⓐ 都吃了 Ⓑ 两碗了，他 Ⓒ 已经 Ⓓ 吃不下了。 （可能）

(5) 昨天晚上9点 Ⓐ 开始 Ⓑ 睡觉 Ⓒ，他都睡了12个小时 Ⓓ。 （了）

说 Speaking

1 다음 질문에 자유롭게 대답해 보세요.

(1) 你每年都去医院检查身体吗?

→ ～～～～～～～～～～～～～～～～～～～～～～～～～～～～

(2) 你住过院吗?

→ ～～～～～～～～～～～～～～～～～～～～～～～～～～～～

(3) 你没日没夜地学习过吗?

→ ～～～～～～～～～～～～～～～～～～～～～～～～～～～～

(4) 你有没有因为睡过头，上课迟到的经验?

→ ～～～～～～～～～～～～～～～～～～～～～～～～～～～～

听 Listening

1 녹음을 듣고 질문에 대한 답을 고르세요. 🎧 15-01

(1) ① 太晚了，商店关门了　　② 晚上商店不开门

(2) ① 他不是中国人　　② 他一直在国外生活

(3) ① 蓝的　　② 红的

(4) ① 打太极拳　　② 跳舞

(5) ① 眼睛很大　　② 不知道

2 녹음을 듣고 문장의 옳고 그름을 판단해 보세요. 🎧 15-02

(1) "我" 的弟弟个子很高。　　○ ☐　　✕ ☐

(2) "我" 在上海学习汉语。　　○ ☐　　✕ ☐

(3) "我" 每年回家看弟弟一次。　　○ ☐　　✕ ☐

(4) "我们" 的关系很好。　　○ ☐　　✕ ☐

(5) "我们" 有一样的爱好。　　○ ☐　　✕ ☐

1 보기에서 적절한 단어를 골라서 단문을 완성한 후, 아래 질문에 답해 보세요. (단, 같은 단어를 두 번 이상 사용할 수 있음)

보기

| 调查 | 虽然…但是… | 的 |
| 看法 | 年龄 | 文化 | 不同 |

> 因为我对中国(　　　)非常感兴趣，所以我来到中国。(　　　)我来中国的时间不长，(　　　)我已经习惯了这里的生活。吃(　　　)住(　　　)都很好。中国很大，有很多(　　　)的地方菜。我想有机会的话都尝尝。老师让我们做社会(　　　)，我想吃也是中国文化很重要的一部分，所以我要采访不同(　　　)的中国人，了解他们的(　　　)。

(1) "我" 为什么来中国?

　→ ~~~~~~

(2) "我" 来中国的时间长吗?

　→ ~~~~~~

(3) 中国的地方菜 "我" 都吃过了吗?

　→ ~~~~~~

(4) "我" 为什么要采访中国人?

　→ ~~~~~~

2 다음 문장을 읽어 보세요. 🎧 15-03

(1) 他可能回家了。 / 他可能还没吃晚饭呢。

(2) 今天他可能不来了。 / 十点了，他可能已经睡觉了。

(3) 他的羽绒服是黑的。 / 他昨天看的电影是韩国的。

(4) 现在正好是十二点。 / 明天正好是周六，我们可以喝点儿酒了。

(5) 虽然房间不大，可是很舒服。 /
　　虽然没有收到回信，可是他还是给她写信。

(6) 他弟弟长得胖胖的，很可爱。 / 他长得帅帅的。

(7) 贤秀妹妹的眼睛大大的。 / 多情姐姐的头发长长的。

写 Writing

1 한자를 병음으로 써 보세요.

(1) 像 _____　　(2) 谈 _____

(3) 虽 _____　　(4) 拳 _____

(5) 然 _____　　(6) 闹 _____

(7) 跑 _____　　(8) 龄 _____

2 병음을 한자로 써 보세요.

(1) fāxiàn [   ]   (2) wénhuà [   ]

(3) yǎnjing [   ]   (4) nǚháir [   ]

3 병음으로 된 문장을 중국어 문장으로 바꾸어 보세요.

(1) Tā chuān shénme yánsè de yīfu?

➜ ~~~~~~

(2) Nǐ bú shì dúshēngnǚ ma?

➜ ~~~~~~

(3) Zài Zhōngguó zhè shì wǒ dì yī cì zǎoshang lái gōngyuán.

➜ ~~~~~~

(4) Zǎoshang gōngyuán li hěn rènao.

➜ ~~~~~~

4 주어진 단어를 Ⓐ ~ Ⓓ 중 적절한 위치에 넣으세요.

(1) Ⓐ 他在中国有很多朋友，Ⓑ 他 Ⓒ 还是常常 Ⓓ 想回家。 （但是）

(2) 虽然很喜欢 Ⓐ 看电影，Ⓑ 他 Ⓒ 很少 Ⓓ 有时间去看。 （但是）

(3) 这个房间 Ⓐ 小，你 Ⓑ 住着一定不 Ⓒ 舒服 Ⓓ 。 （这么）

(4) 中国 Ⓐ 有很多 Ⓑ 好吃 Ⓒ ，有机会你应该来尝尝 Ⓓ 。 （的）

(5) 昨天我 Ⓐ 在街上 Ⓑ 遇到一个人，非常 Ⓒ 我 Ⓓ 以前的同学。 （像）

1 다음 질문에 자유롭게 대답해 보세요.

(1) 你家里有什么人？

→ ～～～～～～～～～～～～～～～～～～～～～～～～～～～～

(2) 你们都在一起生活吗？

→ ～～～～～～～～～～～～～～～～～～～～～～～～～～～～

(3) 用简单的话介绍你的家人。

→ ～～～～～～～～～～～～～～～～～～～～～～～～～～～～

(4) 你去公园锻炼过身体或者看过锻炼身体的人吗？

→ ～～～～～～～～～～～～～～～～～～～～～～～～～～～～

16 과

听 Listening

1 녹음을 듣고 질문에 대한 답을 고르세요. 🎧 16-01

(1) ① 已经去了　　　　　　② 去不了了

(2) ① 想　　　　　　　　　② 不想

(3) ① 会一句　　　　　　　② 不会

(4) ① 他想来　　　　　　　② "我们"让他来

(5) ① 学习　　　　　　　　② 上网

2 녹음을 듣고 문장의 옳고 그름을 판단해 보세요. 🎧 16-02

(1) 贤秀忘记买书了。　　　　　　　　　　　　○ ☐　　✕ ☐

(2) 多情吃了一口饭就走了。　　　　　　　　　○ ☐　　✕ ☐

(3) "我"不太喜欢看电影。　　　　　　　　　　○ ☐　　✕ ☐

(4) 因为他有很多钱，所以小英不想和他在一起。○ ☐　　✕ ☐

(5) 小英要出国了。　　　　　　　　　　　　　○ ☐　　✕ ☐

3 녹음을 듣고 다음 질문에 대답해 보세요. 🎧 16-03

(1) 马林的父母做什么工作?

→ ~~~~~~

(2) 马林的父母为什么做这个工作?

→ ~~~~~~

(3) 他们的工作怎么样?

→ ~~~~~~

(4) 爸爸、妈妈休息的时候，他们做什么?

→ ~~~~~~

念 Reading

1 다음 문장을 읽어 보세요. 🎧 16-04

(1) 他们经济上没有什么困难。 / 弟弟学习上没有什么大问题。

(2) 如果明天下雨，就不爬山了。 / 如果打车去，就快一些。

(3) 这些菜，他都吃得了。 / 这些东西，我都拿得了。

(4) 他不怎么会写汉字。 / 他不怎么会唱歌。

(5) 我一次也没去过中国。 / 这些电影我一个也没看过。

(6) 我对电影一点儿也不感兴趣。 / 他对喝酒一点儿也不感兴趣。

(7) 地铁既方便又便宜。 / 那家饭馆儿的菜既便宜又好吃。

(8) 课文一课比一课难。 / 天气一天比一天冷。

(9) 这个汉字连小英都不认识。 / 他连一口饭都没吃。

(10) 我今天非吃中国料理不可。 / 我今天非把作业做完不可。

写 Writing

1 한자를 병음으로 써 보세요.

(1) 优 [　　　　　]　　(2) 劝 [　　　　　]

(3) 由 [　　　　　]　　(4) 此 [　　　　　]

(5) 充 [　　　　　]　　(6) 划 [　　　　　]

(7) 消 [　　　　　]　　(8) 兼 [　　　　　]

2 병음을 한자로 써 보세요.

(1) běnlái [　　　　　]　　(2) yìyì [　　　　　]

(3) wèile [　　　　　]　　(4) qǔxiāo [　　　　　]

3 병음으로 된 문장을 중국어 문장으로 바꾸어 보세요.

(1) Tā chàbuduō měitiān yào shàng liǎng ge xiǎoshí wǎng.

→

(2) Lái Zhōngguó hòu wǒ xǐhuan shàng le diànyǐng.

→ ~~~~~~

(3) Tā yóuyǒng kě hǎo le.

→ ~~~~~~

(4) Tāmen yào lái Běijīng tán shēngyi.

→ ~~~~~~

4 문맥에 맞게 보기에서 적절한 단어를 고르세요.

(1) 没想到 (① 本来 / ② 原来) 她是你表妹呀。

(2) (① 之后 / ② 以后) 有什么问题你可以来问我。

(3) 这两天我快忙 (① 死 / ② 透) 了。

(4) 我 (① 认为 / ② 以为) 你还是和我们住在一起比较好。

(5) 他写了十几个字，一个也 (① 不 / ② 没) 写对。

(6) 我不是觉得太远了，(① 而是 / ② 而且) 觉得太不方便了。

5 주어진 구문을 이용하여 문장을 바꾸어 보세요.

(1) 看来今天一定会下雨。(非…不可)

→ ~~~~~~

(2) 最近工作很忙，他很少去游泳了。(不怎么)

→ ~~~~~~

(3) 这件事非常麻烦。(형용사 + 透)

   ➡ ～～～～～～～～～～～～～～～～～～～～～～～～～～～～～～～～～～

(4) 他已经三十岁了，还像小孩儿一样。(都…了)

   ➡ ～～～～～～～～～～～～～～～～～～～～～～～～～～～～～～～～～～

(5) 放假的时候爸爸妈妈要来北京，我不能回国了。(동사 + 不了)

   ➡ ～～～～～～～～～～～～～～～～～～～～～～～～～～～～～～～～～～

说 Speaking

1 다음 질문에 자유롭게 대답해 보세요.

(1) 说说你的爱好是什么？

   ➡ ～～～～～～～～～～～～～～～～～～～～～～～～～～～～～～～～～～

(2) 说说你爸爸妈妈的爱好是什么？

   ➡ ～～～～～～～～～～～～～～～～～～～～～～～～～～～～～～～～～～

(3) 对你来说，理想职业的关键是什么？

   ➡ ～～～～～～～～～～～～～～～～～～～～～～～～～～～～～～～～～～

(4) 你有没有爱吹牛的朋友？他怎么吹牛？

   ➡ ～～～～～～～～～～～～～～～～～～～～～～～～～～～～～～～～～～

WORKBOOK

모범 답안 및
녹음 지문

听 Listening

1 (1) ②   (2) ①
  (3) ①   (4) ②
  (5) ②

녹음 지문	(1) 贤秀的爸爸挺高的，他比贤秀高一头。 问：贤秀和他爸爸谁高？ (2) 杭州比苏州漂亮多了。 问：杭州漂亮还是苏州漂亮？ (3) 北京的小吃比苏州的多多了。 问：北京的小吃多还是苏州的多？ (4) 上个星期比这个星期冷多了。 问：上个星期暖和还是这个星期暖和？ (5) 马林的妹妹比马林小五岁。 问：马林的妹妹比马林小多少？

2 (1) X   (2) O
  (3) X   (4) X
  (5) O

녹음 지문	上个星期马林去了趟上海。上海不但很大，而且也很漂亮。小吃非常多，也很便宜，马林大饱了口福。上海的衣服也比北京的便宜得多，马林给妈妈买了好几件。

念 Reading

1 不但, 而且, 要是, 比, 应该
  (1) "我" 在北京住了三个月了。
  (2) 北京很大。风景也很漂亮。
  (3) 北京的小吃又便宜又好吃。
  (4) 北京的冬天比首尔冷多了。

写 Writing

1 (1) tǐng   (2) nuǎn
  (3) qiě   (4) lì
  (5) jǐng   (6) shuài
  (7) gū   (8) gāo

2 (1) 大饱眼福   (2) 暖和
  (3) 美味   (4) 好像

3 (1) 这趟玩儿得怎么样？
  (2) 苏杭的姑娘个个都很漂亮。
  (3) 他是我的朋友。
  (4) 这是给你的杭州特产。

4 (1) C   (2) C
  (3) A   (4) B
  (5) D

听 Listening

1 (1) ①   (2) ②
  (3) ②   (4) ②
  (5) ②

녹음 지문	(1) 马林的哥哥跳舞跳得非常不错。 问：马林的哥哥跳舞跳得怎么样？ (2) 今天下课以后我还有事，恐怕不能去锻炼身体了。 问："我" 今天去不去锻炼身体？ (3) 贤秀不但不会唱中文歌，而且歌词也不会念。 问：贤秀会不会唱那些中文歌？ (4) 杭州无论是风景还是小吃都很不错。 问：杭州怎么样？ (5) 上个周末小英没有时间，我是一个人去看的电影。 问："我" 和谁去看的电影？

2 (1) X   (2) X
  (3) O   (4) X
  (5) O

녹음 지문	在中国学习汉语非常忙，平时我们每天都有汉语课。下课以后，我还常常和朋友练练口语、聊聊天什么的，没有时间去跳舞、唱歌。上个星期五是我的生日，我们去唱了一次，我们一共唱了三个小时。我们每个人都唱了很多，贤秀唱得比我好多了。

念 Reading

1 不但, 而且, 无论, 都, 得, 平时
(1) 很好。因为吃的东西很便宜, 而且坐车也很便宜。
(2) 很便宜。
(3) 因为有时会堵车。
(4) 坐地铁和轻轨。

写 Writing

1 (1) gāng   (2) yuē
(3) shì   (4) kǒng
(5) yí   (6) biǎo
(7) lùn   (8) liàn

2 (1) 歌词   (2) 不错
(3) 平时   (4) 遗憾

3 (1) 小英请我们去唱歌。
(2) 我跟同学约好了。
(3) 无论是中文歌还是韩文歌都唱得不错。
(4) 有些中文歌的歌词我还不会念呢。

4 (1) A   (2) A
(3) B   (4) C

5 (1) ①   (2) ②
(3) ②   (4) ①
(5) ②

03과

听 Listening

1 (1) ②   (2) ①
(3) ①   (4) ②
(5) ②

녹음 지문
(1) 小英家没有多情家离学校近。
问: 谁家离学校近一点儿?
(2) 京剧没有话剧好听。
问: 京剧好听还是话剧好听?
(3) 现在是上下班高峰, 坐地铁比打的快。
问: 上下班高峰的时候, 坐地铁和打的哪个快?

녹음 지문
(4) 你们先坐一会儿, 我去打饭。
问: "我"要去做什么?
(5) 这个电影有字幕, 多情能看懂百分之八十。
问: 这个电影多情能看懂多少?

2 (1) X   (2) X
(3) O   (4) X
(5) O

녹음 지문
我的中国朋友马林身高一米七五, 他没有我高, 可是我觉得他长得很帅, 而且非常亲切。我常常和他一起聊天, 我们聊电影、京剧、学习什么的。他说得不太快, 百分之九十我都能听懂。

念 Reading

1 无论, 都, 不但, 而且, 离, 就, 排队, 才, 完
(1) 那儿有北京菜, 也有上海菜。
(2) 那儿的菜不但很好吃, 而且很便宜。
(3) 在那儿吃饭的人很多, 每次去都得排队。
(4) 上个周末"我们"下午五点去的, 九点吃完的。

写 Writing

1 (1) hāi   (2) fēng
(3) pái   (4) duì
(5) zhòng   (6) yǎn
(7) lí   (8) guān

2 (1) 觉得   (2) 演员
(3) 话剧   (4) 亲切

3 (1) 路上又堵车了。
(2) 这个时候打车没有坐地铁快。
(3) 演员离观众很近, 觉得很亲切。
(4) 能听懂百分之四十。

4 (1) ①   (2) ①
(3) ②   (4) ①

听 Listening

1 (1) ②　　　　　　　(2) ①

(3) ②　　　　　　　(4) ①

(5) ②

<table>
<tr><td rowspan="10">녹음
지문</td><td>(1) 多情把护照落在家里了。</td></tr>
<tr><td>问: 多情把护照落在哪儿了?</td></tr>
<tr><td>(2) 小英, 你应该去教学楼四层去买书。</td></tr>
<tr><td>问: 小英应该去哪儿买书?</td></tr>
<tr><td>(3) 明天就要考试了, 今天晚上我得复习一下
儿。</td></tr>
<tr><td>问: 今天晚上 "我" 要做什么?</td></tr>
<tr><td>(4) 小姐, 请把发票给我。</td></tr>
<tr><td>问: "我" 想要什么?</td></tr>
<tr><td>(5) 贤秀昨天买的自行车今天就丢了。</td></tr>
<tr><td>问: 贤秀的自行车什么时候丢的?</td></tr>
</table>

2 (1) O　　　　　　　(2) O

(3) X　　　　　　　(4) O

(5) O

<table>
<tr><td>녹음
지문</td><td>　　我打算今天骑自行车去小英家玩儿。可
是今天早上我找不到我的自行车了, 我昨天
下课以后就把它放在车棚里了, 然后一直没
有再骑过, 一定是丢了, 我得再买一辆。这
次我还是坐出租车去小英家吧!</td></tr>
</table>

念 Reading

1 就要, 了, 可是, 应该, 一直, 觉得, 得, 考得不太好

(1) 下个星期。

(2) 因为我不知道从第几课考到第几课。

(3) 三个月了。

(4) "我" 平时学得还不错。可是每次考试都考得不
太好。

写 Writing

1 (1) diū　　　　　　(2) bàn

(3) céng　　　　　　(4) fù

(5) shì　　　　　　(6) rēng

(7) shùn　　　　　　(8) zhí

2 (1) 考试　　　　　　(2) 顺便

(3) 也许　　　　　　(4) 复习

3 (1) 我把书落在车上了。

(2) 可以给出租车公司打电话问问。

(3) 顺便帮我把书买回来, 好吗?

(4) 以后要把发票收好。

4 (1) B　　　　　　　(2) C

(3) C　　　　　　　(4) B

(5) B

听 Listening

1 (1) ②　　　　　　　(2) ②

(3) ②　　　　　　　(4) ②

(5) ①

<table>
<tr><td rowspan="10">녹음
지문</td><td>(1) 马林今天一直愁眉苦脸的。</td></tr>
<tr><td>问: 马林今天高兴不高兴?</td></tr>
<tr><td>(2) 我的自行车被摔坏了, 我得赶紧借一辆。</td></tr>
<tr><td>问: "我" 为什么要借自行车?</td></tr>
<tr><td>(3) 要是我不戴眼镜, 我就不能去上课。</td></tr>
<tr><td>问: "我" 不戴眼镜能不能上课?</td></tr>
<tr><td>(4) 贤秀想找一个人帮他辅导一下儿汉语。</td></tr>
<tr><td>问: 贤秀想做什么?</td></tr>
<tr><td>(5) 多情不在家, 她被朋友叫去看电影了。</td></tr>
<tr><td>问: 多情去哪儿了?</td></tr>
</table>

2 (1) O　　　　　　　(2) X

(3) O　　　　　　　(4) O

(5) O

<table>
<tr><td>녹음
지문</td><td>　　多情昨天一出门就摔倒了。她自己不要
紧, 可是眼镜叫她摔坏了。马上就要考试
了, 没有眼镜不能上课, 多情赶紧去配了一
个。现在她就戴着呢! 我觉得她这个眼镜漂亮
是漂亮, 就是太贵了!</td></tr>
</table>

1 戴, 被, 坏, 愁眉苦脸, 配, 早就, 只是, 跟, 一样

(1) 他今天没戴。因为他的眼镜今天被他摔坏了。

(2) 不高兴。

(3) 他的女朋友。

(4) 他要配一个跟女朋友送给他的一样的眼镜。

写 Writing

1 (1) jìng　　　　　(2) shuāi

(3) dài　　　　　(4) chāo

(5) gǎn　　　　　(6) huài

(7) pèi　　　　　(8) dǎo

2 (1) 语法　　　　　(2) 辅导

(3) 赶紧　　　　　(4) 愁眉苦脸

3 (1) 赶紧配眼镜吧。

(2) 他每天都高高兴兴地回来。

(3) 今天一出楼门就被一个人撞倒了。

(4) 就是好多字让我抄错了。

4 (1) ①　　　　　(2) ②

(3) ②　　　　　(4) ②

(5) ①

5 (1) 我把机票丢了。

(2) 我的风衣被朋友穿坏了。

(3) 登机牌让我丢了。

(4) 他很高兴地对服务员说:"谢谢你!"

(5) 要考试了,我得赶紧买本书。

06과

听 Listening

1 (1) ②　　　　　(2) ②

(3) ①　　　　　(4) ②

(5) ②

녹음
지문

(1) A: 小英,现在几点了,去食堂吃饭还来得及吗?

B: 已经一点三十了,来不及了。

问: 小英他们还能去食堂吃饭吗?

(2) A: 贤秀,你今天不是去上海吗?

B: 别提了,我把护照落在家里了。

问: 贤秀今天为什么没去上海?

(3) A: 多情,今天学习的语法你弄明白了吗?

B: 小英帮我复习了一下,现在我已经懂了。

问: 多情明白今天的语法了吗?

(4) A: 多情,你怎么愁眉苦脸的?

B: 要考试了,我怕复习不完。

问: 多情为什么很不高兴?

(5) A: 马林,你什么时候考试?

B: 今天是星期一,我们后天考试。

问: 马林什么时候考试?

2 (1) O　　　　　(2) O

(3) X　　　　　(4) X

(5) O

녹음
지문

我和贤秀约好了今天晚上六点三十一起去同学家吃饭。可是刚才贤秀打电话说他还在学校,他的作业还没做完,可能要七点才回得来。我怕同学着急,打算先去同学家,在那儿等贤秀。可是同学家在哪儿,我一直没弄清楚,我得给同学打个电话。

念 Reading

1 打算, 来不及, 建议, 回不来

(1) 明天早上。还没买。

(2) 他建议我买明天下午的票。

(3) 上午去回得来,下午去就回不来了。

2 不但, 而且, 一起, 一起, 有时, 只要, 就

(1) 聊天、吃饭,有时小英还帮"我"学习。

(2) 语法问题。

写 Writing

1 (1) jí　　　　　(2) yuè

(3) lǎn　　　　　(4) mò

(5) wū　　　　　(6) nòng

(7) jī　　　　　(8) nèi

2 (1) 着急　　　　　(2) 来得及

(3) 课本　　　　　(4) 后天

3 (1) 我把钥匙落在屋里了。

(2) 我刚才进不去屋了。

(3) 我怕复习不完。

(4) 只要是语法问题，你就都拿出来。

4 (1) ①   (2) ②

(3) ①   (4) ②

(5) ②

5 (1) D   (2) B

(3) C   (4) A

(5) D

6 (1) 又要考试了，我很怕考试。

(2) 这本书三天你看得完吗？

(3) 只要他来，你就来吧！

(4) 今天晚上八点以前你回得来回不来？

07과

听 Listening

1 (1) ①   (2) ②

(3) ②   (4) ②

(5) ①

(1) A: 多情，昨天你看的那本书怎么样？

B: 特别有意思。

问: 多情觉得那本书怎么样？

(2) A: 马林，这次旅行你去了什么地方？

B: 除了杭州以外，我还去了苏州和上海。

问: 马林这次旅行都去了哪儿？

(3) A: 爸爸，你喜欢喝什么酒？

B: 除了啤酒以外，我都喜欢。

问: 爸爸喜欢不喜欢喝啤酒？

(4) A: 小英，这次考试你一定考得不错吧？

B: 这次考试太难了，我没考好。

问: 小英这次考得怎么样？

(5) A: 马林，对不起，我来晚了，你等了很久了吧？

B: 没有，我也刚来。

问: 马林什么时候来的？

2 (1) O   (2) X

(3) O   (4) X

(5) O

我觉得在中国过新年特别有意思。昨天我们学校有一个新年晚会，除了中国学生以外，还有很多韩国学生和日本学生。我们在一起吃饭、唱歌、跳舞什么的，玩儿得非常高兴。除了我们班的同学以外，我还认识了很多别的班的同学，这次晚会我的收获特别大。

念 Reading

1 越来越, 除了, 以外, 第, 最, 着

(1) 二月了。越来越暖和了。

(2) 第三次了。

(3) 一月。

(4) 羽绒服。

写 Writing

1 (1) zuì   (2) huò

(3) sī   (4) liǎ

(5) yuè   (6) chú

(7) jiào   (8) tè

2 (1) 进步   (2) 收获

(3) 通过   (4) 容易

3 (1) 你们俩觉得汉语难吗？

(2) 你不是怕语法考不好吗？

(3) 我觉得汉语越学越有意思。

(4) 我们的汉语比来的时候好多了。

4 (1) ②   (2) ②

(3) ②   (4) ②

(5) ①

5 (1) C   (2) D

(3) C   (4) D

(5) C

听 Listening

1 (1) ①　　　　　　　　　　(2) ②
　　(3) ①　　　　　　　　　　(4) ②
　　(5) ②

녹음
지문

(1) A: 多情，这次旅行你最大的收获是什么？
　　B: 当然是认识了很多朋友。
　　问: 多情在这次旅行中有什么收获？
(2) A: 我太高兴了，我们这个学期就要结束了。
　　B: 小英，还有两个星期呢。
　　问: 小英的这个学期什么时候结束？
(3) A: 多情，今天的京剧你听懂了吗？
　　B: 我只听懂了一点儿很简单的。
　　问: 多情有没有听懂今天的京剧？
(4) A: 李老师，我的身体还不太舒服，明天还
　　　不能上课。
　　B: 没关系，多情，好好儿休息几天吧。
　　问: 多情的身体怎么样？
(5) A: 贤秀，你想找一个什么样儿的女朋友？
　　B: 漂亮不漂亮不要紧，可是一定得聪明。
　　问: 贤秀想找什么样儿的女朋友？

写 Writing

1 (1) nuǎn　　　　　　　(2) kǒng
　　(3) yǎn　　　　　　　　(4) dài
　　(5) yuè　　　　　　　　(6) huò
　　(7) cōng　　　　　　　(8) fēng

2 (1) 简单　　　　　　　　(2) 结束
　　(3) 留学　　　　　　　　(4) 往返

3 (1) 时间过得真快。
　　(2) 这两个地方风景很美。
　　(3) 他(她)给了我们很大帮助。
　　(4) 他们(她们)只能说简单的汉语。

4 (1) ①　　　　　　　　　　(2) ②
　　(3) ②　　　　　　　　　　(4) ②
　　(5) ②　　　　　　　　　　(6) ②
　　(7) ①　　　　　　　　　　(8) ②

5 (1) 부정문: 多情这次考试不比我考得好。
　　　의문문: 多情这次考试比我考得好吗？

(2) 부정문: 我还没跟朋友约好去看电影。
　　의문문: 你跟朋友约好去看电影了吗？
(3) 부정문: 星期三她没把机票给小英。
　　의문문: 星期三她把机票给小英了吗？
(4) 부정문: 贤秀的自行车没被别的朋友借走。
　　의문문: 贤秀的自行车被别的朋友借走了吗？
(5) 부정문: 这本书三天你一定看不完。
　　의문문: 这本书三天我看得完吗？

听 Listening

1 (1) ②　　　　　　　　　　(2) ①
　　(3) ②　　　　　　　　　　(4) ①
　　(5) ②

녹음
지문

(1) A: 多情，考试结束了，你打算去哪儿玩儿？
　　B: 我还没想好呢。
　　问: 多情要去哪儿玩儿？
(2) A: 我们打算去西藏玩儿玩儿。
　　B: 西藏是个好地方，风景很独特，应该去。
　　问: 为什么"男的"认为应该去西藏？
(3) A: 多情，你要回国吗？
　　B: 回去也没什么事。
　　问: 多情回国吗？
(4) A: 多情，你们怎么去西藏？
　　B: 坐汽车太麻烦了，坐飞机。
　　问: 多情他们怎么去西藏？
(5) A: 小英，你假期有什么打算？
　　B: 我想去公司打一段时间的工。
　　问: 小英假期打算做什么？

2 (1) O　　　　　　　　　　(2) X
　　(3) O　　　　　　　　　　(4) X
　　(5) O

녹음
지문

　　学习结束以后，我和多情打算去西藏旅行，因为我们听说西藏的风景很独特。我们想坐飞机去，因为别的交通工具都不太方便，我们的朋友小英打算去公司打工，这样她可以积累一些工作经验，以后找工作可能更容易一些。

1 跟, 商量, 利用, 结束, 就要, 听说, 只是, 打算

(1) "我"跟同屋商量, 利用这个假期到中国各地玩的事。

(2) 要回国。

(3) 因为没有那么多时间。

(4) 放了假以后马上就走。

写 Writing

1 (1) lì   (2) zàng

   (3) lù   (4) jí

   (5) lián   (6) jì

   (7) jī   (8) bì

2 (1) 重要   (2) 世界

   (3) 无聊   (4) 经验

3 (1) 昨天我和李贤秀也在商量这件事。

(2) 西藏是个好地方, 风景很独特。

(3) 我正在联系几家公司。

(4) 我想你还是别回去了。

4 (1) ①   (2) ①

   (3) ②   (4) ①

   (5) ②

5 (1) A   (2) C

   (3) B   (4) C

   (5) D

10과

听 Listening

1 (1) ②   (2) ②

   (3) ②   (4) ②

   (5) ①

녹음 지문

(1) A: 多情, 今天晚上和我一起去看电影, 好吗?

    B: 我还有事, 恐怕去不了了。

    问: 多情能去看电影吗?

(2) A: 三百块钱, 这件衣服太贵了!

    B: 商店促销, 打三折。

    问: 衣服多少钱?

(3) A: 多情, 你为什么不去参加晚会?

    B: 我不是不想去, 而是没有时间。

    问: 多情为什么不去参加晚会?

(4) A: 多情呢?

    B: 她刚才还在教室里来着。

    问: 多情现在在教室里吗?

(5) A: 这次旅行如果小英去, 我就去。

    B: 我知道小英一定去。

    问: 这次旅行"男的"会去吗?

2 (1) X   (2) X

   (3) O   (4) O

   (5) O

녹음 지문

    贤秀的爸爸打来电话说, 他们要来北京谈生意, 贤秀要陪他们, 所以去不了西藏了。在北京贤秀还有很多地方没去过, 所以他打算如果有时间, 就和爸爸、妈妈一起去参观一下儿名胜古迹。他们还想去商场买些东西。听说最近商店在搞促销活动, 有很多打折的商品, 物美价廉, 还能讲价。

念 Reading

1 打折, 看来, 来着, 不是, 而是, 陪, 参观, 如果, 就, 反正

(1) 去商店看看, 因为很多商店都在搞促销活动。

(2) 同意了。

(3) 因为她要陪朋友参观一下儿名胜古迹。

(4) 没去。因为今天小英去不了了。

写 Writing

1 (1) cù   (2) bei

   (3) yóu   (4) shùn

   (5) chǎng   (6) lián

   (7) gōng   (8) gǎo

2 (1) 质量   (2) 推荐

   (3) 促销   (4) 物美价廉

3 (1) 东西很便宜, 质量也很好。

(2) 我们去不了了。

(3) 现在正在搞促销活动。

(4) 过两天他们要来北京。

4 (1) B   (2) C

(3) C   (4) D

(5) A

11과

听 Listening

1 (1) ②   (2) ①

(3) ②   (4) ②

(5) ①

녹음 지문

(1) A: 上网可以做什么?

B: 可以看新闻、玩游戏、聊天儿什么的, 但我只是收发邮件。

问:"女的"上网做什么?

(2) A: 你的弟弟长得高吗?

B: 跟我差不多, 不怎么高。

问:"男的"长得高吗?

(3) A: 多情, 你认识他们吗?

B: 这些人我一个也不认识。

问: 多情认识他们吗?

(4) A: 多情, 听说你喜欢中国画。

B: 谁说的?

问: 多情喜欢中国画吗?

(5) A: 你的爱好是什么?

B: 我对体育活动很感兴趣。

问:"男的"爱好什么?

2 (1) X   (2) O

(3) X   (4) O

(5) O

녹음 지문

每个人都有自己的爱好, 小英最大的爱好就是上网, 每天要上好几个小时网, 她觉得在网上想做什么就可以做什么, 非常方便; 贤秀不但喜欢画中国画, 而且画得还不错, 他的宿舍里挂着一幅他自己画的中国画; 我喜欢看电影, 这是到中国以后才有的一个爱好。

念 Reading

1 不怎么, 最近, 放松, 感兴趣, 爱好, 一边, 一边, 主要, 新

(1) 不, 以前"我"不怎么喝酒。

(2) 因为"我"对唱歌比较感兴趣。

(3) 不会。来中国以前"我"一首中国歌也不会唱。

(4) 唱了中国歌。

写 Writing

1 (1) luò   (2) gè

(3) zhǒng   (4) cāi

(5) guà   (6) fú

(7) huó   (8) gǎn

2 (1) 兴趣   (2) 新闻

(3) 放松   (4) 体育

3 (1) 我觉得网上什么都有。

(2) 来中国以后, 我又有了一个新的爱好。

(3) 我一点儿也不喜欢画画儿。

(4) 我们应该放松一下儿。

4 (1) 她的男朋友很帅。

(2) 纸上写着几个人的名字。

(3) 我们都对体育活动很感兴趣。

(4) 李老师坐在椅子上。

12과

听 Listening

1 (1) ②   (2) ②

(3) ①   (4) ②

(5) ①

녹음 지문

(1) A: 想打乒乓球还是游泳?

B: 要不我们去游泳吧。

问:"男的"想做什么?

(2) A: 到动物园要多长时间?

B: 至少二十分钟。

问: 到动物园要多长时间?

(3) A: 这里的人你都认识吗?

B: 没有我不认识的。

问:"男的"认识这里的人吗?

(4) A: 这次考试我都得了一百分。

B: 你吹牛吧?

녹음
지문
问:"女的"认为"男的"说的是真的吗?

(5) A: 这件衣服怎么样?

B: 既好看又便宜。

问:"男的"认为这件衣服怎么样?

2 (1) O　　　　　　　(2) X

(3) O　　　　　　　(4) O

(5) X

녹음
지문
　　我非常喜欢运动,各种体育运动,像游泳、打乒乓球什么的,没有我不会的。可是最近学习太忙,很长时间没运动了,我一天比一天胖,大家都说我应该减肥了。我觉得最有效的方法是游泳,但是听说每周至少要游三次才能达到锻炼的目的,我现在没有时间,看来得想别的办法了。

念 Reading

1 一天比一天, 运动, 既, 又, 坚持, 达到

(1) 因为天气一天比一天暖和了。

(2) 爬山或者打球。

(3) 既可以锻炼身体又可以认识很多朋友。

(4) 因为这里的山没有"我"没爬过的。

写 Writing

1 (1) pàng　　　　　(2) jì

(3) yù　　　　　　(4) shì

(5) zhì　　　　　　(6) guàn

(7) jiān　　　　　(8) chuī

2 (1) 精神　　　　　(2) 达到

(3) 乒乓球　　　　(4) 一言为定

3 (1) 我认为最有效的运动方式是游泳。

(2) 真了不起,那就一言为定了!

(3) 游泳既可以锻炼身体,又可以减肥。

(4) 什么时候我们比赛一下。

4 (1) ①　　　　　　(2) ②

(3) ②　　　　　　(4) ①

(5) ①

13과

听 Listening

1 (1) ①　　　　　　(2) ①

(3) ①　　　　　　(4) ②

(5) ①

녹음
지문
(1) A: 你为什么要做这个工作呢?

B: 因为喜欢,要是不喜欢,工资再高我也不会做的。

问:"女的"为什么要做这个工作?

(2) A: 你认为理想的职业最重要的是什么?

B: 关键是收入,当然兴趣也很重要。

问:"男的"认为理想的职业最重要的是什么?

(3) A: 光聊天儿了,我们喝点儿茶吧!

B: 没关系,来的时候已经喝了很多了。

问: 他们在做什么呢?

(4) A: 电影非常有意思,一起看好吗?

B: 再有意思也不想看。

问:"男的"的意思是什么?

(5) A: 英东总是穿很便宜的衣服。

B: 他不是有的是钱吗?

问:"女的"的意思是什么?

2 (1) O　　　　　　　(2) X

(3) O　　　　　　　(4) O

(5) O

녹음
지문
　　因为小英去翻译公司打工,所以我们有一段时间没有见面了。周末的时候我和贤秀正好没有什么事就一起去小英那儿玩儿。小英说她工作很忙,连周末都不能休息,但是因为做翻译一直是她的理想,所以再累也觉得很快乐。

念 Reading

1 有的是, 因为, 说真的, 连, 死, 快乐, 再

(1) 因为放假了。

(2) 因为以前连看到水都会害怕。

(3) 贤秀。

(4) 以后就是工作再忙,也要坚持游泳。

写 Writing

1 (1) bǎo   (2) sǐ
     (3) yǐ   (4) guāng
     (5) lián   (6) xū
     (7) fān   (8) zhí

2 (1) 拼命   (2) 职业
     (3) 工资   (4) 道理

3 (1) 吃不饱穿不暖，再有兴趣也不行。
     (2) 他(她)在一家翻译公司工作。
     (3) 反正是打工，别太拼命了。
     (4) 我连周末都不能休息。

4 (1) C   (2) D
     (3) B   (4) D
     (5) C

14과

听 Listening

1 (1) ②   (2) ②
     (3) ①   (4) ①
     (5) ①

녹음 지문

(1) A: 贤秀，你去哪儿？
   B: 我有点儿发烧，多情非让我去医院检查不可。
   问: 贤秀去做什么？
(2) A: 如果你有时间就跟我们一起去吧！
   B: 就是有时间也不去。
   问: "女的"为什么不去？
(3) A: 小英，他给你买表了吗？
   B: 那块表太贵了，我以为他不会给我买了呢。
   问: 他给小英买表了吗？
(4) A: 多情，你明天去看电影吗？
   B: 让贤秀一起去吧，要不我就不去了。
   问: 多情去看电影吗？
(5) A: 你今天为什么迟到了？
   B: 我睡过头了，打车到这儿都九点了。
   问: "男的"今天为什么迟到了？

2 (1) X   (2) O
     (3) X   (4) O
     (5) X

녹음 지문

小英身体不舒服都两天了，我们劝她多休息休息，可她说工作很忙，非要去公司上班不可。昨天听一个朋友说小英又住院了，我们去看望了她。我们以为她工作太拼命了，要不怎么会生病呢？但是大夫检查以后说，她是因为吃了什么不好的东西，所以拉肚子，不算太严重，很快就可以出院了。

念 Reading

1 关系, 透, 小心, 以为, 严重, 要不, 都, 了, 就是, 也
     (1) 关系糟透了。
     (2) 因为"我"不小心把他有过女朋友的事说出来了。
     (3) 都一个星期了。
     (4) 不说话。

写 Writing

1 (1) qiāo   (2) kuī
     (3) jiǎo   (4) tòu
     (5) niǔ   (6) mào
     (7) méi   (8) yán

2 (1) 检查   (2) 关系
     (3) 马大哈   (4) 没日没夜

3 (1) 我又忘带钥匙了。
     (2) 感冒？发烧？还是拉肚子？
     (3) 下楼时不小心把脚扭了。
     (4) 趁这个机会多休息休息吧。

4 (1) ①   (2) ②
     (3) ②   (4) ①
     (5) ①

5 (1) C   (2) A
     (3) A   (4) C
     (5) D

听 Listening

1 (1) ①　　　　　　　　(2) ②

(3) ①　　　　　　　　(4) ②

(5) ①

녹음지문

(1) A: 和我去一趟商店好吗？

B: 这么晚，商店可能关门了。

问："男的"的意思是什么？

(2) A: 他不是中国人吗？ 为什么不会说中国话？

B: 他虽然是中国人，但是他一直在国外生活。

问：为什么他不会说汉语？

(3) A: 多情，你觉得怎么样？

B: 我喜欢那个蓝色的，那个红的太大了。

问：多情喜欢哪一个？

(4) A: 大家去公园做什么？

B: 年龄大的打太极拳，年轻的跳舞。

问：年轻人做什么？

(5) A: 我女儿的眼睛大大的，个子也很高。

B: 是啊，她长得很像你。

问：妈妈长得怎么样？

2 (1) O　　　　　　　　(2) X

(3) X　　　　　　　　(4) O

(5) X

녹음지문

我有一个弟弟，个子高高的，长得很帅。我们两个的年龄差不多，我在北京学习汉语，就和弟弟分开了。今年放假我回家和他见了一次面，虽然这么久都没有一起生活，但是我们的关系一直很好。我们都有不同的爱好，他喜欢跑步，我喜欢游泳。

念 Reading

1 文化, 虽然, 但是, 的, 的, 不同, 调查, 年龄, 看法

(1) 因为"我"对中国文化非常感兴趣。

(2) 不长。

(3) 还没有。 "我"想有机会的话都尝尝。

(4) 因为老师让我们做社会调查。

写 Writing

1 (1) xiàng　　　　(2) tán

(3) suī　　　　　(4) quán

(5) rán　　　　　(6) nào

(7) pǎo　　　　　(8) líng

2 (1) 发现　　　　　(2) 文化

(3) 眼睛　　　　　(4) 女孩儿

3 (1) 他(她)穿什么颜色的衣服？

(2) 你不是独生女吗？

(3) 在中国这是我第一次早上来公园。

(4) 早上公园里很热闹。

4 (1) B　　　　　　　(2) B

(3) A　　　　　　　(4) C

(5) C

听 Listening

1 (1) ②　　　　　　　　(2) ②

(3) ②　　　　　　　　(4) ②

(5) ①

녹음지문

(1) A: 多情，你们什么时候去西藏？

B: 我们去西藏的计划已经取消了。

问：多情他们去西藏了吗？

(2) A: 他为什么要当医生？

B: 为了让爸爸高兴，他不得不这么做。

问：他想当医生吗？

(3) A: 美英会说汉语吗？

B: 她一句也不会说。

问：美英会说汉语吗？

(4) A: 他怎么又来了？

B: 他本来不想来，是我们非叫他来不可。

问：他为什么来了？

(5) A: 最近你做什么？

B: 光学习了，连网都没上。

问：最近"男的"做什么了？

2 (1) O   (2) X

(3) O   (4) X

(5) X

(1) A: 贤秀，你给我买书了吗？

    B: 啊，我真是一个马大哈。

(2) A: 多情，你怎么能连口饭都不吃就走呢？

    B: 我还有事。

(3) A: 你怎么没和他们一起去看电影？

    B: 我不怎么喜欢看电影。

(4) A: 小英，那个人有的是钱。

    B: 再有钱我也不和他在一起！

(5) A: 小英，听说你很快就要出国了。

    B: 谁说的？

3 (1) 大夫。

(2) 因为可以帮助很多人。

(3) 很忙。

(4) 去运动或者买东西。

    马林的父母都是大夫。因为可以帮助很多人，所以他们非常喜欢自己的工作。他们整天没日没夜的工作，一点也没有时间照顾马林。虽然如此，马林还是很爱他的爸爸、妈妈，常常趁他们休息的时候，陪他们去运动或者买东西。

写 Writing

1 (1) yōu   (2) quàn

(3) yóu   (4) cǐ

(5) chōng   (6) huà

(7) xiāo   (8) jiān

2 (1) 本来   (2) 意义

(3) 为了   (4) 取消

3 (1) 他(她)差不多每天要上两个小时网。

(2) 来中国后我喜欢上了电影。

(3) 他(她)游泳可好了。

(4) 他们(她们)要来北京谈生意。

4 (1) ②   (2) ②

(3) ①   (4) ①

(5) ②   (6) ①

5 (1) 看来今天非下雨不可。

(2) 最近工作很忙，他不怎么去游泳了。

(3) 这件事麻烦透了。

(4) 他都三十岁了，还像小孩儿一样。

(5) 放假的时候爸爸妈妈要来北京，我回不了国了。

新 步步高

보보고

중국어 초중급

WORK
BOOK